T0209705

essentials

essentials liefern aktuelles Wissen in konzentrierter Form. Die Essenz dessen, worauf es als „State-of-the-Art" in der gegenwärtigen Fachdiskussion oder in der Praxis ankommt. *essentials* informieren schnell, unkompliziert und verständlich

- als Einführung in ein aktuelles Thema aus Ihrem Fachgebiet
- als Einstieg in ein für Sie noch unbekanntes Themenfeld
- als Einblick, um zum Thema mitreden zu können

Die Bücher in elektronischer und gedruckter Form bringen das Expertenwissen von Springer-Fachautoren kompakt zur Darstellung. Sie sind besonders für die Nutzung als eBook auf Tablet-PCs, eBook-Readern und Smartphones geeignet. *essentials:* Wissensbausteine aus den Wirtschafts-, Sozial- und Geisteswissenschaften, aus Technik und Naturwissenschaften sowie aus Medizin, Psychologie und Gesundheitsberufen. Von renommierten Autoren aller Springer-Verlagsmarken.

Weitere Bände in der Reihe http://www.springer.com/series/13088

Sabine Kirchem · Juliane Waack

Personas entwickeln für Marketing, Vertrieb und Kommunikation

Grundlagen, Konzept und praktische Umsetzung

Sabine Kirchem
ec4u expert consulting ag
Karlsruhe, Deutschland

Juliane Waack
ec4u expert consulting ag
Berlin, Deutschland

ISSN 2197-6708   ISSN 2197-6716 (electronic)
essentials
ISBN 978-3-658-33087-3   ISBN 978-3-658-33088-0 (eBook)
https://doi.org/10.1007/978-3-658-33088-0

Die Deutsche Nationalbibliothek verzeichnet diese Publikation in der Deutschen Nationalbibliografie; detaillierte bibliografische Daten sind im Internet über http://dnb.d-nb.de abrufbar.

Planung/Lektorat: Manuela Eckstein
Springer Gabler ist ein Imprint der eingetragenen Gesellschaft Springer Fachmedien Wiesbaden GmbH und ist ein Teil von Springer Nature.
Die Anschrift der Gesellschaft ist: Abraham-Lincoln-Str. 46, 65189 Wiesbaden, Germany

Was Sie in diesem *essentials* finden können

- Eine Einführung in das Konzept von Personas, was sie sind und wie sie eingesetzt werden können.
- Hinweise, wo Personas Verwendung finden, mit einem Fokus auf Inbound Marketing.
- Eine Anleitung, Best Practices und Vorlagen zum Entwickeln einer Persona.
- Beispiel-Templates zur Erstellung Ihrer eigenen Persona in der Lang- und Kurzform.
- Erläuterungen der meistgestellten Fragen (FAQ) zum Persona-Thema sowie einige Trendthemen.

Inhaltsverzeichnis

Über die Autoren

Sabine Kirchem ist Director Corporate Communications im Beratungsunternehmen ec4u expert consulting ag sowie Fachautorin und seit mehr als 25 Jahren im Marketingumfeld tätig.

Juliane Waack ist Fachredakteurin bei der ec4u expert consulting ag. Sie verfasst regelmäßig Beiträge in den Bereichen Digitalisierung, Customer Experience, Marketing, Vertrieb und Service.

In diesem essential wird das Persona-Konzept vorgestellt. Personas können als stellvertretende, fiktive, realitätsnahe Profile von Kunden, Nutzern und anderen Zielgruppen die persönliche Kommunikation unterstützen, indem sie die Möglichkeit bieten, Bedürfnisse, Herausforderungen und Motivationen genauer zu betrachten. Dieses essential bietet neben einer Einführung in das Konzept eine Anleitung zum Entwickeln eigener Personas sowie zahlreiche Best Practices und erläuternde Informationen zu Einsatzmöglichkeiten und ergänzenden Methoden und Prozessen.

> **Beispiel**
>
> Markus und Peter mögen beide Kaffee und teilen ihre Liebe dazu mit Besuchen im selben Kaffeeshop, der für beide in der Nähe ihres Arbeitsplatzes liegt. Peter hat als Student selbst als Barista gearbeitet und kennt daher die Unterschiede verschiedener Mahlgrade und Kaffeesorten. Wenn er seinen Lieblingskaffeeshop in der Kölner Innenstadt besucht, bestellt er sich immer einen doppelten Espresso und probiert dabei jedes Mal unterschiedliche Sorten aus. Dazu gibt es regelmäßig ein Stück des tagesaktuellen Kuchens, das er zusammen mit seinem Espresso gemütlich im Shop genießt. Markus mag eigentlich eher Koffein als Kaffee und bestellt daher meistens einen Latte Macchiato mit einem Schuss Karamellsirup zum Mitnehmen in seiner Mittagspause, und zwar jedes Mal, denn er will zuverlässig wissen, was er bekommt, statt etwas auszuprobieren, was am Ende nicht schmeckt. Gebäck bestellt er nie dazu, weil ihm der Karamellsirup schon kalorienreich genug ist.◄

© Der/die Autor(en), exklusiv lizenziert durch Springer Fachmedien
Wiesbaden GmbH, ein Teil von Springer Nature 2021
S. Kirchem und J. Waack, *Personas entwickeln für Marketing, Vertrieb
und Kommunikation,* essentials, https://doi.org/10.1007/978-3-658-33088-0_1

Würde der Kaffeeshop eine Kundenkampagne planen und nach Zielgruppen gehen, die sich beispielsweise im Alter, Geschlecht oder Beruf ähneln, so würden Peter und Markus dasselbe Angebot bekommen. Beide sind männlich, 30 Jahre alt, wohnen in der Nähe und haben Bürojobs im mittleren Management. Doch trotz ihrer Gemeinsamkeiten sind Peter und Markus völlig verschiedene Kundentypen – der eine ein abenteuerlicher Genießertyp, der gerne Dinge ausprobiert, und der andere ein eher pragmatischer Gewohnheitskäufer. Statt hier auf Zielgruppen zu schauen, ergibt es Sinn, wenn der Kaffeeshop auf eine andere Methode zurückgreift, um Markus und Peter passend je nach ihren Bedürfnissen anzusprechen: so genannte „Personas".

Im Marketing beschreibt man mit einer „Persona" ein fiktives Personenprofil, das stellvertretend für eine bestimmte Kundengruppe verwendet wird, um diese gezielt und persönlicher anzusprechen. Wichtig bei der Entwicklung einer Persona ist dabei, neben klassischen demografischen Merkmalen wie Geschlecht, Herkunft, Alter oder Beruf auch emotionale Bedürfnisse, Verhaltensmuster, Persönlichkeitsmerkmale und andere individuelle Eigenschaften zu berücksichtigen. So gehört zu einer Buyer Persona, also einer Persona, die einen Kunden „vertritt", immer auch die Kaufmotivation dazu. Was bewegt diesen bestimmten Kundentyp, wenn es um den Kauf eines Produkts bzw. eines Services geht?

So kann die Persona genutzt werden, um eine zielgerichtete und gleichzeitig persönliche Kommunikation zu ermöglichen. Denn wie am Beispiel gezeigt, haben zwei gleichaltrige Menschen gleichen Geschlechts nicht zwangsläufig dieselben Eigenschaften, nur weil sie in derselben Stadt gerne das gleiche trinken. Mit Personas wird also die Vielfältigkeit von Kunden hervorgehoben und in der Kommunikation berücksichtigt. In der Anwendung ist daher immer wichtig, dass bestimmte Merkmale und Eigenschaften nicht dogmatisch betrachtet werden, sondern lediglich dazu dienen, genau diese Kunden in ihren Unterschieden „fassbarer" zu machen.

Zwar sind Personas „fiktiv", sie sollten jedoch nicht so behandelt werden, da sie am Ende auf echten Kundenprofilen basieren. Sie sind ebenso wenig ein unrealistischer Filmcharakter wie ein Idealbild eines Kunden, sondern realistische Stellvertreter der realen Kunden. Es empfiehlt sich daher, Ausschmückungen besonders nah an lebenden Kunden zu orientieren, um so nicht das Gefühl zu vermitteln, dass die Personas keine echten Menschen darstellen.

Personas
Personas werden meistens in der Kundenbetreuung genutzt, können aber sehr viel breiter eingesetzt werden. Wenn es nicht ausdrücklich anders notwendig ist, wird in diesem Buch jedoch für die erleichterte Lesbarkeit statt von Kunden/Mitgliedern/Nutzern nur von Kunden[1] gesprochen sowie statt von Unternehmen/Organisationen/Vereinen stellvertretend von Unternehmen.

1.1 Was sind typische Persona-Eigenschaften?

Es gibt verschiedene Arten von Merkmalen, die in einer Persona oft zusammengefasst werden, um einen möglichst umfänglichen Blick auf Kunden zu erhalten und gleichzeitig eine realitätsnahe Person zu definieren. Die Merkmale fallen grob in die Kategorien „demografisch" (Alter, Geschlecht, Herkunft) und psychografisch (Verhalten, Einstellung, Motivation). Sie können aber auch andere Kategorien enthalten, je nachdem, welche Merkmale wichtig für eine spezifische Persona sind. So spielen für den Kaffeeshop die Körpergröße, das Gewicht oder die Fitness der Kunden keine Rolle. Für ein Fitnessprodukt könnten dies jedoch hilfreiche Merkmale sein, um verschiedene Personen mit den richtigen Informationen und Botschaften anzusprechen.

Einige ausgewählte Persona-Eigenschaften und Informationen (Abb. 1.1):

- Job & berufliche Position
- Familienstand
- Bildungsweg
- Geschlecht
- Alter
- Einkommen
- Herkunft
- Wohnort, Lebensverhältnisse (Mietwohnung, Haus etc.)
- Bevorzugte Kommunikationskanäle
- Technische Skills (bloggt selbst, programmiert etc.)

---

[1]An dieser Stelle soll folgender Hinweis nicht fehlen: Aus Gründen der besseren Lesbarkeit wird in diesem Buch auf die gleichzeitige Verwendung der Sprachformen männlich, weiblich und divers verzichtet. Sämtliche Personenbezeichnungen gelten natürlich gleichermaßen für alle Geschlechter.

Abb. 1.1 Persona-Infografik (Adaptiert nach Alte, Ines; Waack, Juliane (2017). Mit freundlicher Genehmigung von © ec4u [2021] All Rights Reserved)

- Hobbies
- Bedürfnisse
- Ziele
- Herausforderungen & Probleme
- Was hindert die Persona daran, zu agieren?
- Was braucht die Persona, um zu agieren?

Vorteile des Einsatzes von Personas
- Sie können Kunden gezielter ansprechen, da ihre Bedürfnisse, Motivation, Ziele, aber auch Bedenken, Probleme und Herausforderungen bekannt sind.
- Sie kennen die richtigen Kommunikationskanäle, auf denen sich Kunden aufhalten (und zwar auch für welchen Zweck und während welcher Entscheidungsphase), um dort Ihre Botschaften zu platzieren.

- Sie können die Ansprache und Tonalität bestimmen, um den Ton für unterschiedliche Zielgruppen zu treffen (beispielsweise formal gegenüber lässig).
- Sie typologisieren Kundengruppen nicht nur nach demografischen Merkmalen, sondern nach ihren Bedürfnissen und ihrer Kaufmotivation, was aufgrund der Heterogenität demografischer Gruppen eine genauere Ansprache ermöglicht.
- Sie können für Ihre Zwecke relevante Informationen und Probleme Ihrer Kunden übersichtlich und zentral erfassen und dadurch in Kampagnen, Prozessen und Strategien priorisieren.
- Sie erhalten Argumente, warum Kunden sich gegen Sie entscheiden würden, und können diese im Marketing berücksichtigen.

1.2   Wie werden Personas eingesetzt?

Personas können vielfältig in der Kommunikation eingesetzt werden. In den meisten Fällen finden sie im Marketing Verwendung, etwa beim Erstellen von Kampagnen, E-Mail-Strecken, Content-Marketing oder Werbeanzeigen. Doch auch im Vertrieb, Service und anderen kundennahen Bereichen können sie dabei helfen, Kunden besser in ihren Bedürfnissen und Vorlieben zu verstehen, mit ihnen zu kommunizieren und auf den richtigen Kanälen Präsenz zu zeigen. Gerade weil eine Persona dazu da ist, ein Bild vom Gegenüber zu haben, um eine Gruppe von Kunden richtig anzusprechen, gibt es nahezu unendliche Einsatzbereiche.

Typische Einsatzgebiete

- **Kampagnenmanagement:** Um verschiedene Kampagnen zielgerichtet zu formulieren, die richtigen Stichworte, Bilder und Informationen zu liefern.
- **E-Mail-Marketing:** Um die richtige Ansprache (insbesondere in der Betreffzeile) zu finden und auf die Punkte einzugehen, die Empfänger zum Handeln (Registrierung, Klick auf einen Link etc.) motivieren.
- **Informationskampagnen:** Personas können helfen, bei notwendigen Aufklärungskampagnen die Hebel zu finden, mit denen sich unterschiedliche Gruppen zu einem Umdenken/Lernen bewegen lassen. Dies beinhaltet auch die richtige Wahl der Kanäle, die Ansprache und Symbolik (z. B. durch Visualisierung). So wirken Warnungen bei manchen Empfängern besser, während wiederum andere positiver auf Verstärkung reagieren.

- **Angebotspräsentation (Pitch):** Unterschiedliche Personas haben unterschiedliche Erwartungen an ein Produkt, einen Service oder ein Angebot und benötigen daher unterschiedliche Informationen, stellen andere Fragen und legen unterschiedliche Prioritäten. Mit Personas verwenden Sie die Kernbotschaften und -begriffe, die am Ende auch für Aufmerksamkeit und Zustimmung sorgen.

- **Bewerbungsmanagement:** Professionals haben andere Ansprüche als Berufsanfänger, ähnlich wie Studenten oder Schüler anders angesprochen werden als Führungskräfte. Personas unterstützen dabei, die unterschiedlichen Tonalitäten zu finden, ohne dass die Unternehmensmarke dadurch geschwächt wird.

- **Content-Entwicklung:** Bei jeder Art von Content (Infoblätter, Videos, Artikel, Social Media-Posts, Bücher, Infografiken etc.) gibt es bestimmte Zielgruppen und Einsatzzwecke, die berücksichtigt werden müssen. Personas sorgen dafür, dass der Content auch wirklich attraktiv für Kunden ist, die relevanten Themen aufnimmt, die gängigen Begriffe verwendet und Aufmerksamkeit erregt (natürlich im Positiven).

- **Event Management:** Eine Veranstaltung spricht entweder einzelne oder mehrere Personas an und muss daher unterschiedliche Bedürfnisse ausbalancieren. Was erwartet ein Marketing-Manager von einem Event und warum nimmt ein Personalleiter daran teil? Und was bedeutet das sowohl für die Organisation als auch für die Inhalte und das Marketing? Gerade bei Events für verschiedene Personas (z. B. Messeauftritte, Investorenveranstaltungen, Informationsstände auf Stadtfesten etc.) müssen unterschiedliche Strategien entwickelt werden, um eine möglichst breite Aufmerksamkeit bei den gewünschten Personen zu erreichen und die Erwartungen verschiedener Besuchergruppen zu erfüllen.

- **Marketing Automation:** Mit einem Marketing-Automation-System lassen sich zahlreiche Kundenprozesse automatisieren und messen. Werden Personas in ein Marketing-Automation-System eingepflegt, so können diese genutzt werden, um beispielsweise neu generierte Kontakte durch automatisierte Workflows bestimmten Personas zuzuweisen. Dadurch erhalten diese Kontakte E-Mails zugesandt oder auch Inhalte auf der Webseite angezeigt, die ihren Interessen entsprechen (natürlich im Rahmen der geltenden Datenschutzbestimmungen). Mit dem Einsatz von Cookies, also Tracking-Software für den Aufenthalt auf einer Webseite, können Personas zusätzlich alleine durch das Verhalten auf der Seite identifiziert werden. So bekommen selbst anonyme Webseitenbesucher passendere Produktempfehlungen, Bilder oder andere Inhalte zu sehen und sind dadurch leichter vom Besucher zum Kunden konvertierbar.

- **Kundenreisen mappen:** Beim sogenannten „Customer Journey Management" werden alle Prozesse in einem Unternehmen aus der Kundensicht heraus entwickelt. Dafür werden Journeys (Kundenreisen) identifiziert, die aufzeigen, wie

sich Kunden bewegen, auf welchen Kanälen sie sich aufhalten und welche Prozesse sie durchlaufen, um ein Ziel zu erreichen. Damit diese Prozesse auch
wirklich aus der Kundensicht heraus entwickelt/optimiert werden, setzt man
die Methode des „Customer Journey Mappings" ein. Dabei werden ganz spezifische Prozesse und Handlungsmomente aus Kundensicht „durchlaufen" und
visualisiert. Währenddessen werden Erwartungshaltungen, Lücken im Prozess
und notwendige Technologien, Inhalte und andere Voraussetzungen für eine
erfolgreiche Journey dokumentiert. Personas helfen dabei, diese Journeys aus
der Kundensicht heraus greifbar zu machen.

1.3   Was unterscheidet eine Persona von Zielgruppen und Kundensegmenten?

Eine **Zielgruppe** beschreibt im Marketing eine „bestimmte Menge von Marktteil-
nehmern, die auf kommunikationspolitische Maßnahmen homogener reagieren als
der Gesamtmarkt" (Olbrich 2009, S. 178). Damit wird also eine Gruppe bezeich-
net, die bestimmte Merkmale hat bzw. ähnlich auf bestimmte Botschaften reagiert.
Unterschieden werden Zielgruppen oft von soziodemografischen Merkmalen wie
Alter, Geschlecht, Einkommen etc. Aber auch Merkmale wie Weltanschauungen
oder Verhalten können eine Zielgruppe bestimmen.

Die Zielgruppe ist die Vorstufe zur Persona, entsprechend ersetzt die Persona
auch nicht unbedingt den Einsatz von Zielgruppen. Während Zielgruppen oft sehr
genau bestimmt und segmentiert werden („alleinstehende Frauen zwischen 25
und 35 Jahren"), müssen Kunden nicht alle Merkmale einer Persona erfüllen,
um ihr zugewiesen zu werden. Gleichzeitig ermöglichen teils genauere Hinweise
auf Verhaltensweisen, Bedürfnisse und Bedenken eine gezieltere Ansprache. Das
dient dazu, dass ein Unternehmen beispielsweise nicht alle alleinstehenden Frauen
zwischen 25 und 35 Jahren anspricht, sondern nur diejenigen, die auch als
Käuferinnen für ein bestimmtes Produkt infrage kommen.

Bei der **Segmentierung** von Kunden werden vorwiegend bestehende Kunden auf Basis festgelegter Merkmale gruppiert und individuell angesprochen.
Im Gegensatz zur Zielgruppe enthalten Segmente oft bereits bekannte Verhaltensweisen der Kunden, etwa eine Vorliebe für E-Mails oder eine Präferenz für
Gutscheine.

Für einen Pizza-Lieferdienst kann die Kundensegmentierung beispielsweise
genutzt werden, um verschiedene Rabatt- und Gutscheinaktionen an jeweils die
Gruppe zu versenden, die mit höchster Wahrscheinlichkeit positiv darauf reagiert. Kunden in der Gruppe A bestellen eher eine Pizza, wenn sie zusätzlich

etwas kostenlos erhalten, beispielsweise ein Freigetränk oder ein Dessert. Kunden der Gruppe B lassen sich derweil eher von „2 zum Preis von 1"-Angeboten zur Bestellung motivieren.

Je mehr man über das Verhalten seiner Kunden weiß, desto genauer kann man Angebote, News und Content auf sie zuschneiden. Auch die Kundenqualität kann durch eine derartige Segmentierung näher bestimmt werden. Es gibt sie, die Kunden, die viel Arbeit machen und wenig Umsatz einbringen. Unternehmen können so aufwandsintensive Kunden herausfiltern und Maßnahmen herunterschrauben, um Aufwand und Umsatz im Gleichgewicht zu halten.

Auch wenn es mehrheitlich nicht so ist, kann es durchaus passieren, dass ein Kunde auf mehrere Personas und Motivationen passt. Die Kundin eines Fair Trade-Modelabels kauft beispielsweise in erster Linie dort, weil sie etwas Gutes tun will, kann aber auch gleichzeitig den Anspruch haben, qualitativ hochwertige Designs zu tragen.

> Sollte die Anzahl der Personen, die zwei oder mehrere Personas „in sich vereinen" auffallend steigen, so lohnt es sich, zu überlegen, ob diese Personas nicht auch kombiniert werden können.

1.4   Im Kern jeder Persona liegt die Motivation

Das Wichtigste, was Personas ausmacht, ist die Unterscheidung zwischen den Motivationen, sei es die Kaufmotivation, die Mitmachmotivation oder die Spendenmotivation. Eine Persona – je nachdem, welches Ziel Sie mit ihr erreichen wollen – muss eine klare Aussage dazu machen, was die jeweiligen Personen motiviert, um sich zu engagieren, zu Käufern zu werden, sich zu bewerben etc. Warum entscheidet sich eine Person dazu, etwas zu spenden? Wie kann man sie zu einer Spende bewegen bzw. welche Informationen braucht sie, wie müssen Prozesse gestaltet sein und was erwartet sie von dem Spendenerlebnis?

Genau in dieser Motivation liegt auch das Differenzierungsmerkmal, das vorgibt, wie viele Personas Sie für Ihre Zwecke brauchen. Während eine Einteilung in demografische Merkmale oder auch Verhaltensweisen eine schier unüberschaubare Anzahl an Personas hervorrufen würde, gibt die Motivation eine oft einstellige Zahl vor.

Diese Bedürfnisse sollten übrigens nicht nur positiv formuliert werden. Es kann sehr hilfreich sein, eine Persona so zu entwickeln, dass auch die Gründe genannt werden, warum sie beispielsweise ein Produkt nicht kaufen würde oder eben nicht für einen Verein spenden möchte. Diese sogenannten Pain Points geben Hinweise darauf, auf welche Sorgen Sie bei der Kommunikation eingehen sollten.

Pain Points

Ein Pain Point (zu dt. etwa „schmerzender Punkt") ist ein spezifisches Problem eines Kunden. Für Personas sind Pain Points relevant, da sie

- dabei helfen zu verstehen, was Personen bewegt, sich für oder gegen eine Sache zu entscheiden,
- die Lebenswelt von Personen widerspiegeln und so auch ihre Probleme hervorheben,
- auch Aufschluss darüber geben, an welchen Punkten Personen in der Erfahrung mit Ihren Prozessen, Kanälen und Strategien Probleme haben.

Beispiele

- Ich zahle aktuell zu viel für XY und möchte Geld sparen.
- Ich verbrauche zu viel Zeit mit XY und möchte effizienter werden.
- Ich möchte meinen Beitrag für eine bessere Welt leisten und weiß nicht, wie.
- Ich weiß nicht, ob der Job für mich geeignet ist.
- Ich schaffe es nicht, mich auf der Webseite zu registrieren.

Personas sind die perfekte Vorlage, um gezielt Personen anzusprechen, die sich mit hoher Wahrscheinlichkeit zu Wunschkunden entwickeln können. Denken Sie also bei der Auswertung Ihrer Kundeninformationen daran, dass Sie nicht jeden einzelnen Kunden in einer Persona abdecken müssen. Vielmehr sollten Sie Personas nur für die Kunden erstellen, die Sie auch wirklich ansprechen wollen. Sehen Sie Personas als Zusammenfassung Ihrer attraktivsten (potenziellen) Kunden, die besonders wertvoll für Ihr Unternehmen sind.

1.5 Sonderfall: Die B2B-Buyer-Persona und das Buying Center

Im B2B-Geschäft werden Marketing-Aktivitäten und auch Personas oft abgetan, da man davon ausgeht, dass sie eher etwas für B2C-Unternehmen sind. Generell findet die B2B-Kommunikation im direkten Kontakt statt, Sales-Verantwortliche kennen ihre Kunden und gehen nicht davon aus, dass sie Personas brauchen. Doch die Zeiten, in denen ein B2B-Kunde sofort auf den Vertrieb zugeht, haben sich gewandelt.

B2B-Kunden informieren sich immer häufiger eigenständig im Netz, lange vor der ersten persönlichen Interaktion mit einem Unternehmen. Durch Social Media, Bewertungsplattformen und die allmächtigen Suchmaschinen erfolgt ein Großteil der Recherche für potenzielle Angebote und Partner ohne eine direkte Kommunikation. Entsprechend wird es wichtiger, dass auch B2B-Unternehmen ihre Webseiten, Social-Media-Profile und Inhalte so aufbereiten, dass sie den Bedürfnissen ihrer Kunden in dieser Phase entsprechen, um eine Beziehung aufzubauen. Ansonsten kann es schnell passieren, dass es die Unternehmen gar nicht erst in die engere Auswahl der Kunden schaffen, um den Vertriebskontakt herzustellen. Dadurch wächst die Rolle des B2B-Marketings und entsprechend auch die Notwendigkeit, größere Zielgruppen möglichst persönlich anzusprechen.

Diese Entwicklung wird auch von B2B-Unternehmen wahrgenommen. Einer Studie von Allison + Partners (2020) zufolge wollen britische und deutsche B2B-Geschäftsführer ihre Marke nach außen hin humaner und emotionaler präsentieren. 58 % gehen davon aus, dass sie mit einem Fokus auf den Menschen und einer emotionalen Ansprache mehr Umsatz erreichen können. 55 % erhoffen sich dadurch mehr Engagement und weitere 55 % erwarten dadurch eine höhere Kundenbindung. Mehr als jeder zweite Befragte ist also der Überzeugung, dass eine persönliche Ansprache, die auch über die rein technische Produktbeschreibung hinausgeht, den Unternehmenserfolg, die Markenwahrnehmung und die Kundenbindung positiv beeinflussen kann.

Der Studie zufolge gibt es jedoch im B2B-Bereich einige Herausforderungen, wenn es um eine emotionale Kommunikation geht:

- Fehlendes Verständnis der Bedürfnisse und Prioritäten der Kundengruppen
- Probleme bei der Tonalität im Hinblick auf die Content-Produktion
- Schwierigkeiten bei der Entwicklung neuer Kunden-Botschaften

Diese Hürden deuten bereits daraufhin, dass das B2B-Marketing anscheinend keinen richtigen Bezug zu seinen Kunden hat. 57 % setzen keine Personas ein und haben daher wahrscheinlich auch kein „Gefühl" für ihre Kunden. Zusätzlich stellt sich die Frage, ob hier auch ein Kommunikationsproblem zwischen Marketing und Vertrieb herrscht. Erfahrungsgemäß müssten B2B-Unternehmen ihre Kunden viel besser kennen als im oft hochskalierten B2C-Markt. Kundenbeziehungen werden langfristig entwickelt, und der direkte und vertrauensvolle Kontakt zu Ansprechpartnern ist häufig das A und O im Kundenmanagement. Doch dieses Know-how liegt oft im Vertrieb. Entsprechend ist nicht auszuschließen, dass ein

Wissenssilo vorherrscht und die notwendigen Kundeninformationen – was bewegt die Kunden, was sind ihre Probleme, welche Ziele wollen sie erreichen? – gar nicht erst ins Marketing gelangen.

Doch Personas dienen ja – wie schon erwähnt – nicht nur dem Marketing, sondern auch dem Vertrieb. Denn gerade im B2B-Bereich ist es wichtig, den richtigen Ansprechpartner zu finden und diesem auch die relevanten Informationen zu liefern.

Eine Studie von cintell (2016) ergab im Rahmen von B2B-Unternehmen, dass 70 % aller Unternehmen ohne Personas ihre Ziele nicht erreichen konnten. Im Gegensatz dazu wurden in 82 % der Unternehmen, die ihre Ziele erfüllen konnten, Buyer Personas eingesetzt (Ahluwalia, Yamini 2015).

▶ **B2B (Business-to-Business)** beschreibt die Kundeninteraktion von einem Geschäft mit einem anderen. Im Gegensatz zum B2C-Geschäft (Business-to-Consumer) werden also keine Privatkunden angesprochen, sondern andere Geschäfte bzw. Unternehmen.

Diese Unterscheidung betrifft übrigens nicht nur kommerzielle Unternehmen, sondern ist auch in anderen Bereichen ein relevantes Differenzierungsmerkmal.

- Ein Unternehmen stattet Unternehmen mit einer kompletten Möblierung aus, diese kann gemietet oder gekauft werden. Unter den Kunden zählen sowohl Unternehmen mit eigenen Büros als auch Vermieter von Büroräumen sowie Messehallen und Konferenzveranstalter.
- Vereine kommunizieren nicht selten mit Unternehmen, um beispielsweise Sponsoren zu finden, wohltätige Projekte gemeinsam zu entwickeln oder nachhaltige Veränderungen in den Unternehmen zu bewirken.
- Universitäten sind nicht nur mit Studierenden und Lehrkräften im Austausch, sondern arbeiten oft auch mit anderen Universitäten, Unternehmen oder Organisationen zusammen.

In den meisten Fällen erfolgt die Kommunikation nicht mit einer einzige Person, die dann jede Entscheidung fällt (Abb. 1.2). Sie wird vielmehr mit verschiedenen Ansprechpartnern geführt oder ein Ansprechpartner vertritt unterschiedliche Interessensgruppen und muss deren Anforderungen und Bedürfnisse balancieren. Dies sorgt für eine gewisse Komplexität, da entgegen der klassischen Persona im Grunde unterschiedliche Personas eine Entscheidung fällen und so anders eingesetzt werden müssen.

Abb. 1.2 B2C: Der Anbieter adressiert einen Kunden, der recherchiert, entscheidet und kauft. Die gesamte Kommunikation erfolgt daher gezielt für eine Person. (Eigene Darstellung)

Im B2B spricht man dabei von sogenannten „Buying Centern". Die Herausforderung eines Buying Centers besteht darin zu wissen, welche Personen (bzw. Personas) jeweils an der Entscheidung beteiligt sind, wann und wie sie angesprochen werden müssen und welche unterschiedlichen Informationen sie für ihre Entscheidung benötigen (Abb. 1.3). Dabei sollte nicht der Fehler begangen werden, ausschließlich Entscheider im höheren Management anzusprechen. Einer Google-Studie zufolge sind in 81 % der Fälle „Non-C-Suiters", also Mitarbeiter ohne Entscheidungsgewalt, Teil eines Buying Centers, weil sie beispielsweise die Recherche tätigen und damit am Ende auch Einfluss auf die finale Auswahl haben. Auch ist der Ansprechpartner nicht immer die Person, die am Ende auch

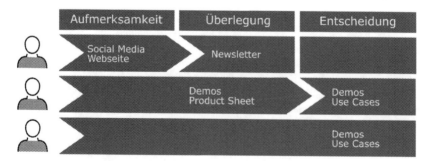

Abb. 1.3 Der Anbieter adressiert unterschiedliche Entscheidungsträger, die gemeinsam über den Kauf entscheiden (Buying Center). Dabei können Kontaktpersonen im Verlauf der Entscheidung wechseln. (Eigene Darstellung)

die Entscheidung trifft. Das macht sie jedoch nicht weniger einflussreich, da sie immerhin alle Informationen einsammelt, strukturiert, filtert und weitergibt. Sie sehen schon, B2B-Personas sind herausfordernd.

Es stellen sich bei der Konzipierung eines Buying Centers also folgende Fragen:

- Wer ist involviert und wen will/kann/muss ich ansprechen?
- Welcher Kontakt ist in welcher Kaufphase involviert?
- Welche Information brauchen die individuellen Kontakte zu welcher Kaufphase?
- Auf welchen Kommunikationskanälen kann man welchen Kontakt erreichen?

Personas können bei der Kommunikation mit Buying Centern unterstützen, die Personen zu identifizieren, die in der Regel immer bei einem Kauf involviert sind. Wichtig ist dabei, dass nicht der Entscheiderstatus maßgeblich für die Differenzierung der Personas ist.

Zusätzlich müssen nicht alle an einer Kaufentscheidung beteiligten Personen unbedingt eine stellvertretende Persona haben. Vielmehr braucht es Personas für die Personen, die Sie tatsächlich durch Kommunikationsstrategien und Kampagnen ansprechen können und deren Entscheidungsgrundlagen sich stark voneinander unterscheiden.

So kann es sehr wohl sein, dass man gerne eine CEO-Persona erstellen möchte, weil dieser irgendwo im Entscheidungsprozess sein „Go" gibt. Ist der CEO jedoch nur so weit beteiligt, dass er sich beispielsweise vom Marketing-Manager die Kernpunkte anhört und zu- oder absagt, ist vielleicht nicht der CEO als Persona relevant, sondern vielmehr der Marketing-Manager, in dessen Persona-Beschreibung dokumentiert ist, welche Argumente und Informationen er braucht, um seine Anfrage an den CEO zu kommunizieren.

Inbound Marketing stellt die Persona ins Zentrum

Ein besonderes Einsatzgebiet von Personas ist das sogenannte „Inbound Marketing". Da der moderne Kunde immer seltener direkt auf Anbieterseiten nach Lösungen sucht und für die erste Recherche viel häufiger Suchmaschinen und mittlerweile auch Social-Media-Plattformen oder Marktplätze (z. B. Amazon) nutzt, hat sich in den letzten zehn bis 15 Jahren der Unterschied zwischen „Inbound" und „Outbound" Marketing entwickelt. Angeblich von Brian Halligan definiert (Halligan 2009), dem Co-Gründer und CEO der Marketing-Automation-Plattform Hubspot, beschreibt Inbound Marketing eine Gegenposition zum klassischen bzw. Outbound Marketing.

➤**Outbound Marketing:** Strategien, die auf den Kunden zugehen und ihn dort ansprechen, wo er sich aufhält. Dazu gehören analoge Marketing-Botschaften wie etwa auf Werbeplakaten oder Printanzeigen, aber auch Pop-up-Banner und andere Werbeelemente auf externen, also nicht eigens betriebenen Webseiten. Das Marketing wird also auf fremden Kanälen platziert, um die sich dort aufhaltenden Kunden anzusprechen.

➤**Inbound Marketing:** Das Gegenmodell beschreibt das Versammeln, Bereitstellen und Aufarbeiten von informativem, unterhaltsamem und anderem Content auf den eigenen Kanälen (beispielsweise der eigenen Webseite, dem eigenen Newsletter, aber auch eigenen Kanälen auf Plattformen wie Social Media). Der eigene Kanal ist dabei quasi das, worüber das Unternehmen eine inhaltliche Kontrolle hat. So besitzt es zwar nicht Twitter, kann jedoch steuern, wie es sich auf Twitter darstellt, was es postet etc.

© Der/die Autor(en), exklusiv lizenziert durch Springer Fachmedien Wiesbaden GmbH, ein Teil von Springer Nature 2021
S. Kirchem und J. Waack, *Personas entwickeln für Marketing, Vertrieb und Kommunikation*, essentials, https://doi.org/10.1007/978-3-658-33088-0_2

Das Ziel von Inbound Marketing ist, Kunden auf die eigenen Kanäle zu lenken, und zwar mit Content, der so attraktiv aufbereitet ist, dass er Kunden anzieht. Dabei wird besonders großer Wert auf die sogenannte Suchmaschinenoptimierung (auch „Search Engine Optimization" oder kurz „SEO") gelegt. SEO sorgt dafür, dass eine Unternehmensseite, ein Blogbeitrag, ein Video etc. von den Suchmaschinen möglichst auf den ersten Seiten der Suchergebnisse empfohlen wird, wenn ein Kunde nach bestimmten Begriffen, Lösungen etc. sucht. Klickt er daraufhin auf das Ergebnis, landet er auf der Unternehmenswebseite und sieht sich dort im Idealfall genauer um, registriert sich für einen Newsletter, lädt Material herunter etc. und wird somit zum bekannten Kontakt.

Allison Banko fand im Use Case des Marketing-Dienstleisters NetProspex heraus, dass die Nutzung von Personas die Dauer von Seitenbesuchen auf der NetProspex-Homepage um das Neunfache verlängerte (Banko 2014). Der marketinggenerierte Umsatz konte um 171 % gesteigert werden und E-Mails wurden mehr als doppelt so häufig gelesen.

SEO – Search Engine Optimization
SEO-Maßnahmen bedienen sich unterschiedlicher technologischer, redaktioneller und prozessualer Methoden, um die Sichtbarkeit einer Webseite in den Suchmaschinen zu erhöhen. Ziel ist, bei der Suchmaschinennutzung für bestimmte Begriffe (Keywords) möglichst auf den ersten Ergebnisseiten der Suchmaschinen zu erscheinen, da diese Ergebnisse häufiger von Nutzern geklickt werden.

Dafür müssen Sie identifizieren, mit welchen Keywords Sie „ranken" wollen, denn das Ranking hat Einfluss darauf, bei welchen Keywords Sie im Suchergebnis erscheinen. Daraufhin können Sie Ihre Webseiteninhalte auf diese Keywords hin optimieren, indem Sie beispielsweise vermehrt informative und/oder unterhaltsame Beiträge dazu posten oder anderweitig relevante Texte und Medien oder Informationsseiten erstellen. Je mehr relevanten Content Sie hierzu liefern, desto besser wird Ihre Platzierung innerhalb der Ergebnisse.

SEO beinhaltet darüber hinaus auch viele technische Komponenten, die im Ranking eine Rolle spielen. Kurze Webseitenladezeiten, eine intuitive Webseitenstruktur und Barrierefreiheit sowie eine einfache Nutzung auf mobilen Endgeräten (Smartphones, Tablets etc.) können das Ranking positiv beeinflussen.

2.1 Welche Rolle spielen Buyer Personas im Inbound Marketing?

Buyer Personas helfen beim Aufsetzen einer Inbound-Marketing-Strategie dabei, den Content so aufzubereiten, dass nicht einfach alle Suchmaschinennutzer damit angesprochen werden, sondern gezielt die Personen, die auch attraktiv für Sie sind. Ein Lehrerverband zum Beispiel, der den Zweck hat, Bedürfnisse von Lehrern zu identifizieren und bundesweit zu erfüllen, wird trotz der thematischen Nähe eher keine Schüler ansprechen wollen.

Personas helfen also, Themen, Content und Begriffe einzusetzen, die eine besonders hohe Relevanz für die Zielkunden haben. Sie dienen auch dazu, verschiedene Zielgruppen konkret anzusprechen. Im aktuellen Beispiel könnten das etwa Lehramtsstudenten sein, die aufgrund der fehlenden Berufserfahrung einen anderen Informationsstand haben, aber dennoch eine wichtige Rolle für den Lehrerverband spielen.

Um die Zielgruppe zu erreichen, müssen Sie nicht nur wissen, mit welchen Themen sie sich beschäftigt, sondern auch, welche Probleme sie hat, welchen Informationsbedarf und welche Prioritäten. Für Unternehmen reicht es beispielsweise schon lange nicht mehr, die reine Produktinformation abzubilden. Kunden wollen auch wissen, wie Produkte eingesetzt werden können, was sie von der Konkurrenz unterscheidet und warum sie beispielsweise teurer sind als die Angebote der Mitbewerber. Personas geben Auskunft darüber, mit welchen Informationen, Lösungen und Inhalten es gelingt, die Aufmerksamkeit der Kunden zu wecken. Und Aufmerksamkeit entsteht oft aus einem Mehrwert. Dieser Mehrwert muss aber nicht immer der rein praktische Nutzen eines Produkts sein.

Beispiel

Einen Hometrainer verwenden sicher die wenigsten, weil sie so gerne radfahren, sondern weil sie auch zu Hause die Möglichkeit haben wollen, sportlich aktiv zu sein. Der Mehrwert besteht nicht darin, zu Hause das Fahrradfahren zu simulieren, sondern Sport zu treiben, sich daher gesünder zu verhalten, fit zu werden und/oder abzunehmen. Die erfolgreiche Vermarktung eines Hometrainers fokussiert nicht den Aspekt des Radfahrens, sondern die Vorteile des Radfahrens.

Zusätzlich ergeben sich diverse Mehrwerte in der Nutzung bzw. im Vergleich mit anderen Hometrainern. Kunden wollen bequem sitzen und selbst entscheiden, wie einfach oder anstrengend das Fahren ist. Sie wollen ein möglichst platzsparendes Gerät und sie wollen vielleicht auch eine Übersicht über die Aktivitäten, die sich mit Fitness-Apps kombinieren lässt.

Die Funktionsweise des Hometrainers alleine spricht also am Ende kaum Kunden an. Kennt der Anbieter jedoch seine verschiedenen Personas und weiß, warum sie einen Hometrainer nutzen wollen, dann kann er nicht nur diese Bedürfnisse in der Produktbeschreibung berücksichtigen, sondern darüber hinaus auch Informationen und Mehrwerte mitliefern, etwa durch Trainingsvideos, Tipps für Einsteiger und Profis oder Hinweise zum korrekten Auslesen der Aktivitätsdaten. Dadurch werden auch Kunden angesprochen, die noch gar nicht aktiv nach einem Hometrainer suchen, sondern sich über Fitnessaktivitäten zu Hause informieren wollen. Und schon erweitert sich dadurch die Reichweite.◄

Personas geben also nicht nur vor, wie eine Botschaft formuliert werden muss und welche Informationen sie enthalten sollte. Sie geben auch Impulse, verschiedene Content-Formen rund um das Produkt zu entwickeln, um aus der reinen Webseite mit Produktzentrik eine Themenwelt für Kunden zu gestalten. Und genau darum geht es beim Inbound Marketing.

2.2   Personas nicht nur fürs Marketing

Obwohl die Buyer Persona sicher zu den populärsten Vertretern gehört, können Personas vielfältig eingesetzt werden. Genau das ist übrigens auch das Ziel und Anliegen dieses essentials. Es mag Sinn ergeben, dass Personas vorwiegend im Marketing verwendet werden, doch die persönliche, emotionale Ansprache spielt nicht nur im Marketing eine Rolle. Es ist nahezu in allen Bereichen, in denen Unternehmen auf Kunden zugehen, wichtig zu wissen, was diese bewegt, welche Bedürfnisse sie haben und wie sie angesprochen werden wollen.

Um das Konzept auch anderen Unternehmensbereichen, Organisationsformen etc. vorzustellen, verwenden wir nicht den Begriff „Buyer Persona", sondern die neutrale Bezeichnung „Persona". Personas helfen Ihnen, verschieden motivierte Personengruppen, die Sie ansprechen wollen, auf den richtigen Kanälen und mit den richtigen Informationen und Botschaften zu erreichen.

Vorteile und Einsatzgebiete von Personas
- Treffen Sie die Bedürfnisse Ihrer Buyer Personas in Ihren Marketing-Kampagnen.
- Gehen Sie konkret auf die Bedürfnisse potenzieller Kunden im Sales-Gespräch ein.
- Lösen Sie Kundenprobleme im Service auf Augenhöhe.
- Motivieren Sie Vereinsmitglieder zum Mitmachen oder gewinnen Sie neue Mitglieder.
- Erreichen Sie Influencer, um Ihr Produkt neuen Zielgruppen vorzustellen.
- Begegnen Sie Ihren Mitarbeitern und Kollegen auf Augenhöhe, wenn es um die interne Kommunikation geht.
- Erwecken Sie bei Bewerbern und Auszubildenden einen guten ersten Eindruck, indem Sie die Themen ansprechen, die wichtig für einen guten Arbeitsplatz sind.
- uvm.

- **Vorteile für das Marketing**
  - Grundlagen für eine persönliche, individuelle Ansprache
  - Konkrete Bedürfnisse und Argumente, die das Messaging erleichtern (was wollen die Kunden?)
  - Aufschluss über präferierte Kanäle, Kommunikationswege
  - Informationen zu Werten und anderen Eigenschaften, die bei der emotionalen Ansprache helfen
  - Informationen darüber, welche Herausforderungen Kunden haben, um diese in der Ansprache zu berücksichtigen bzw. Lösungsansätze zu bieten
  - Auskunft über die richtige Tonalität, zur Verwendung von Humor etc.
- **Vorteile für den Vertrieb**
  - Aussagen über die relevanten Kaufgründe von Kunden
  - Informationen zu Herausforderungen, um auf diese in Gesprächen und Informationen einzugehen
  - Hinweise auf die Informationen und Fragestellungen, die für Kunden wichtig sind, um eine informierte Kaufentscheidung zu fällen
  - Informationen darüber, welche Formate (Demos, Use Cases, Whitepaper, Factsheets etc.) und Kanäle von Kunden für verschiedene Phasen der Kaufentscheidung präferiert werden

- **Vorteile für die HR-Abteilung**
  - Eine klare Unterscheidung verschiedener Bewerber-Personas zur richtigen Ansprache (Auszubildende/Studierende, Junior-Positionen, Management etc.)
  - Informationen zu den Anforderungen unterschiedlicher Bewerbertypen, um auf diese in den Stellenausschreibungen, aber auch in den Bewerbungsgesprächen einzugehen
  - Auskunft über die Kanäle, auf denen sich Bewerber zu den jeweiligen Stellen informieren, um eine größere Reichweite zu erzielen
  - Hinweise auf Pain Points, um diese konkret anzusprechen und dadurch beispielsweise die Organisation des Bewerbungsprozesses zu optimieren
- **Vorteile für den Community-Outreach**
  - Informationen über die unterschiedlichen Bedürfnisse verschiedener Mitglieder der Community, um diese in Kampagnen, Aktionen und in der Kommunikation zu berücksichtigen
  - Auskunft über die relevanten Kanäle, auf denen verschiedene Mitglieder sich informieren bzw. erreicht werden können
  - Hinweise auf die Kernbotschaften, die am meisten Wirkung in der Ansprache von Interessenten haben
  - Aussagen über die Informationen, die notwendig für potenzielle Mitglieder sind, um sich für eine Mitgliedschaft zu entscheiden bzw. aktiv in der Community zu werden

Fallstricke beim Einsatz von Personas
Einer der größten Fallstricke beim Thema Personas ist die Tatsache, dass diese oft nicht ausreichend eingesetzt werden. Häufig werden Personas in Workshops aufwendig aufgesetzt, verstauben anschließend jedoch in den Schubladen der Teilnehmer. Eine cintell-Studie (2016) hat in einer Umfrage die größten Herausforderungen im Einsatz ermittelt:
- Wertschätzung der Personas fehlt.
- Persona-Insights können nicht durch klare Kennzahlen validiert werden.
- Teams werden nicht trainiert, Personas richtig einzusetzen.

Um Personas im Alltag auch effektiv zu nutzen, müssen die Anwender wissen, was Personas sind und wie sie eingesetzt werden können. Entsprechend wird empfohlen, die Personas in den kundennahen Bereichen vorzustellen und beispielhaft ihren Einsatz zu trainieren.

Wichtig ist, dass Sie dabei die Bedürfnisse der jeweiligen Bereiche und Kollegen berücksichtigen. Neue Methoden werden besonders dann akzeptiert und übernommen, wenn ein klarer Mehrwert in ihrer Verwendung besteht. Das heißt auch, dass beispielsweise Ihr HR-Team eine andere Erwartungshaltung gegenüber Personas haben wird als Ihr Vertrieb oder Kundenservice.

Persona-Grundlagen und Vorlage für die Entwicklung von Personas

Die Entwicklung von Personas erfolgt im Idealfall in einem interdisziplinären Workshop, in dem insbesondere Kollegen involviert sind, die einen regelmäßigen Kundenkontakt haben und daher weitere Einblicke in deren Lebenswelten liefern können. Zur Entwicklung, Dokumentation und Nutzung empfiehlt sich ein Template bzw. Canvas mit den jeweils relevanten Informationen. Diese Templates können Sie anschließend zentral und für jeden zugänglich abspeichern.

Zur Entwicklung sollten Sie unterschiedliche Informationen und Quellen hinzuziehen, um ein möglichst umfangreiches und realitätsnahes Bild von den Personas zu erhalten. Mögliche Quellen sind:

- **Kundendaten:** Bei der Arbeit mit Kundenmanagementsystemen oder Marketing-Automation-Plattformen sammeln sich zahlreiche Daten an, die auch zur Entwicklung von Personas hinzugezogen werden können. Dies können beispielsweise Daten zum Beruf, Unternehmen, zur Branche oder auch zu bestimmten Interessen sein. Auch das Verhalten (etwa auf der Webseite, als Käufer etc.) kann dadurch bestimmt werden. Für Personas können dabei mit Analytics-Verfahren Kundensegmente ermittelt und als Grundlage verwendet werden (siehe dazu auch Abschn. 5.1 Datenbasierte Personas).
- **Kundeninterviews und Umfragen:** Um eine Persona möglichst nah an „echten" Kunden zu entwickeln, ist es unbedingt notwendig, reale Kundenaussagen heranzuziehen. Diese lassen sich im Idealfall durch Umfragen und Interviews einholen, die noch vor dem Workshop durchgeführt werden sollten. Hinweise und einen Fragekatalog finden Sie dazu auch in Abschn. 3.2 (Das Interview bzw. Gespräch mit Kunden).

- **Interviews mit Kollegen, die häufig Kundenkontakt haben:** Besonders die Kollegen, die häufig im direkten Austausch mit Kunden sind, können hilfreiche Einblicke in das Verhalten, die Motivation und die Herausforderungen von Personas bieten und sollten an der Entwicklung beteiligt sein. Ist dies nicht möglich, können auch Interviews mit ihnen im Vorfeld geführt werden. Die Fragen können dabei direkt aus den Kundeninterviews übernommen werden.
- **Studien & Benchmark-Analysen:** In vielen Persona-Ratgebern werden auch Daten von Drittanbietern zum Kundenverhalten empfohlen. Diese sollten Sie jedoch vorsichtig und maximal als Ergänzung einsetzen. Studien und Benchmarks geben interessante Einblicke in allgemeine Verhaltensweisen und Eigenschaften. Je allgemeiner diese Einblicke jedoch sind, desto ungenauer geben sie die spezifischen Anforderungen, Bedürfnisse und Herausforderungen Ihrer Kunden wieder. Ein Autokäufer hat andere Erwartungen an seine Kundenreise als ein Supermarktkunde.

3.1 Welche Informationen muss eine Persona enthalten?

Es gibt zahlreiche Informationen, Eigenschaften, Verhaltensweisen und Merkmale, die eine Persona enthalten kann. Obwohl einige wichtiger als andere sind, liegt es an Ihnen, zu identifizieren, welche Informationen essenziell für Sie sind. Daher sind die folgenden Aufzählungen, aber auch das vorgestellte Template (Abschn. 3.3) lediglich Vorlagen bzw. „Serviervorschläge", die je nach Bedarf angepasst werden können und sollten.

- **Name & Bild:** Denken Sie sich hier einen Namen aus und suchen Sie ein Bild, das der Persona entspricht. Das Foto können Sie zuletzt auswählen, nachdem Sie alle anderen Informationen zusammengetragen und die Persona entwickelt haben. Danach fällt es Ihnen leichter, ein Bild zu wählen, das auch zur Persona passt.
- **Hintergrund & demografische Merkmale:** Notieren Sie hier Informationen wie Beruf, Position (Student, Manager, CEO etc.), Bildungsweg, Familienstand, Geschlecht, Alter, Wohnort bzw. Vorlieben (Stadtmensch vs. Landleben), Haushaltseinkommen etc. Fokussieren Sie sich dabei auf die Merkmale, die für Ihre Zwecke auch relevant sind. Wollen Sie beispielsweise eine Bewerber-Persona erstellen, so sind die Position und der Bildungsweg viel relevanter als die Herkunft. Verkaufen Sie hingegen Babynahrung und wollen für Ihr Marketing Influencer ansprechen, so sollte eine Rolle spielen, ob die Persona auch Kinder hat bzw. mit Kindern zu tun hat.

- **Werte & Interessen:** Was bewegt Ihre Persona, welchen Hobbies geht sie nach und welche Spezialgebiete hat sie (auch außerhalb ihres Berufs)? Zusätzlich können auch Werte eine wichtige Rolle spielen, etwa, wenn es um Bereiche geht, in denen bestimmte politische oder soziale Einstellungen maßgeblich für eine Entscheidung sind. Je nach Branche und Ziel können die Werte eines Unternehmens einen starken Einfluss darauf haben, ob Kunden sich für eine Interaktion/einen Kauf entscheiden. Liegt der Persona beispielsweise die Umwelt am Herzen, so kann dies ein wichtiges Signal für Sie sein, dass Sie auf Ihre eigenen Maßnahmen darauf eingehen sollten, wie umweltfreundlich und nachhaltig Sie agieren.
- **Internet/Informationsverhalten:** Neben den klassischen Eigenschaften ist es gerade für Personas wichtig, dass Sie ein ungefähres Bild davon haben, wo Sie Ihre Persona am besten erreichen und wie sie sich generell verhält. Wo informiert sich Ihre Persona, ist sie technisch versiert, welche Kanäle wählt sie, um beispielsweise in Kontakt mit Unternehmen zu treten? Zieht Ihre Persona es vor, geduzt oder gesiezt zu werden, mag sie eine humorvolle, lockere Ansprache oder zieht sie eine formale Kommunikation vor?
- **Persönlichkeit & Selbstbild:** Welche Persönlichkeitsmerkmale zeichnen die Persona aus, die auch Einfluss auf Entscheidungen haben können? Ist sie impulsiv, zurückhaltend, introvertiert oder extrovertiert? Wie sieht sich die Persona selbst und was bedeutet das für die Ansprache, insbesondere im Marketing? Will sich die Persona in Botschaften wiedererkennen oder strebt sie ein Idealbild an?
- **Ziele & Motivation:** Einer der wichtigsten Punkte bei der Persona-Entwicklung besteht in den Zielen und der Motivation Ihrer Persona. Was will Ihre Persona damit erreichen, wenn sie mit Ihnen interagiert? Warum kauft sie ein Produkt, bewirbt sie sich bei einem Unternehmen, spendet sie für einen Verein etc.? Sie müssen sich hier nicht auf ein einziges Ziel festlegen, oft gibt es auch primäre und sekundäre Ziele, die ineinanderfließen. *Wichtig:* Ziele und Motivation Ihrer Persona sollten unbedingt aus echten Zitaten entnommen werden. Diese können Sie durch geführte Interviews, Umfragen oder auch dem Erfahrungsschatz der Kollegen entnehmen, die täglich mit den entsprechenden Personen interagieren.
- **Herausforderungen:** Welche Probleme, Pain Points und Herausforderungen hat die Persona, die Sie mit Ihrem Angebot potenziell lösen können? Auch hier können Sie zwischen primären und sekundären Herausforderungen unterscheiden. Eine Marketing-Managerin hat vielleicht in erster Linie das Problem, dass sie zu viel Zeit für das Aufsetzen von E-Mail-Kampagnen verbringt. Sekundär fehlt ihr außerdem eine einfache Auswertung der Kampagnen.

Wichtig: Auch Herausforderungen und Probleme Ihrer Persona sollten direkt aus Kundenzitaten entnommen werden.

- **Erwartungen:** Was erwarten Kunden von ihrem Erlebnis mit Ihnen und was bedeutet das für Prozesse und die Kommunikation? Können Sie die Erwartungen erfüllen oder müssen Prozesse angepasst werden? Gibt es bestimmte Themen, die ganz besonders wichtig für Ihre Kunden sind?

- **Zitate:** Zum Erstellen einer Persona ist es absolut notwendig, direkt mit Ihren Kunden, Nutzern, etc. zu sprechen und Zitate zu den wichtigsten Punkten zu sammeln. Nur so können Sie auch garantieren, dass Sie die Beweggründe Ihrer Personas tatsächlich aus deren Sicht heraus formulieren und nicht aus Ihrer Unternehmensperspektive.

- **Einwände & Bedenken:** Warum könnte die Persona sich gegen ein Produkt/eine Teilhabe/etc. entscheiden? Gibt es Ihnen bekannte Hindernisse, etwa der Preis, der Aufwand oder anderweitige Gründe, warum sich Ihre Persona für einen anderen Anbieter entscheiden könnte? Es ist wichtig, diese Information direkt in Interviews zu erfragen und zu identifizieren. Nur so können Sie die entsprechenden Gegenargumente entwickeln (z. B., dass der Preis für nachhaltige und faire Herstellung mit einer hohen Qualität steht). Was hindert die Persona auf ihrer Reise, müssen Sie im Hinblick auf Ihre Prozesse und Kanäle auf bestimmte Dinge oder Hürden achten und diese speziell vermitteln? Gerade, wenn es um komplexe Themen und Prozesse oder sehr sensible Bereiche geht (z. B. das Einsammeln von Daten), die sich nicht ändern lassen, so ist es gut, wenn Sie die richtige Kommunikationsstrategie haben, um diese Punkte zu berücksichtigen.

Wichtig: Die Arbeit an diesem Bereich kann oft sensibel sein. Bedenken und Hürden geben Ihnen jedoch wertvolle Informationen, selbst wenn es sich um Dinge handelt, die Sie nicht ändern können.

Bedenken sollten Sie auch berücksichtigen, wenn sie Ihren aktuellen oder vergangenen Kampagnen widersprechen. Denken Sie daran, dass Personas dazu da sind, eben nicht aus Ihrer (unternehmenszentrischen) Perspektive heraus zu erörtern, warum Kunden Ihr Angebot attraktiv finden sollen, sondern aus der Kundenperspektive heraus. Eine Persona sollte realistisch sein und entsprechend auch reale Ziele, Ängste und Bedenken widerspiegeln. Dazu gehören auch Vorurteile, Gerüchte oder ungeschönte Kritik.

- **Was können wir tun** ... damit die Persona ihre Ziele erreicht? Nun sind Sie gefragt: Was konkret bieten Sie an, um Ihrer Persona bei der Erfüllung ihrer Ziele zu helfen? Es ist für die Kommunikation sehr hilfreich, die Vorteile Ihres Angebots aus der Kundenperspektive heraus zu formulieren. Und, ebenfalls wichtig: Was können Sie tun, damit die Persona Probleme lösen kann? Wie kann Ihr Angebot dazu beitragen, das Leben Ihrer Persona zu vereinfachen, Hindernisse zu überwinden und Probleme zu lösen?

- **Ihre Botschaft:** Wie können Sie die Persona am besten überzeugen? Fassen Sie Ihre Kernargumente so zusammen, dass Sie direkt zu den Zielen und Herausforderungen dieser Persona passen. Dieser Part klingt einfach, ist aber mitunter komplex, da es nicht darum geht, Ihre allgemeine Botschaft einfach zu wiederholen, sondern herauszuarbeiten, wie Sie sie formulieren müssen, um diese Persona anzusprechen. Die Frage ist also: Wie können Sie Ihre Argumente kurz und knackig zusammenfassen (Pitch)? Entwickeln Sie einen kurzen Pitch, der aus ein paar Sätzen besteht und innerhalb von maximal ein bis zwei Minuten alles zusammenfasst, was Ihr Produkt/Angebot/etc. ausmacht, und zwar so, dass es auf die Lebenswelt Ihrer Persona passt. Dieser Pitch kann sowohl schriftlich als auch verbal eingesetzt werden und ist daher eine gute Vorlage für Ihre Kollegen, die viel Kontakt zu Kunden haben.
- **Need-to-Know:** Jedes Unternehmen ist anders. Entsprechend kann es sehr wohl sein, dass Sie Informationen benötigen, die im klassischen Persona-Template nicht erwähnt werden. Scheuen Sie sich nicht, diese zu ergänzen und gezielt danach zu filtern. Der Vorteil von Personas liegt darin, dass sie Ihre (Ideal-) Kunden repräsentieren und daher auch die Eigenheiten enthalten sollten, die Sie an Ihren Kunden schätzen bzw. die notwendig sind, um sie individuell anzusprechen.
- **Potenzielle Maßnahmen:** Damit Ihre Personas nicht in der Schublade verstauben und auch außerhalb des Marketings eingesetzt werden, ist es hilfreich, konkrete Maßnahmen direkt in das „Persona-Paket" mit einzutragen. Dies kann beispielsweise dadurch erfolgen, dass man eine grobe Übersicht des Kundenlebenszyklus ergänzt und bestimmte wichtige Momente und Interaktionen (Touchpoints) markiert und empfohlene Handlungen notiert.

▶ Touchpoints bezeichnen Interaktionen, die Kunden mit Ihrem Unternehmen haben, sei es direkt (Telefonat, E-Mail-Anfrage, Gespräch im Geschäft) oder indirekt (beim Ausfüllen einer Eventregistrierung, beim Like eines Social-Media-Posts etc.). Für Unternehmen ist es wichtig, eine Übersicht aller Touchpoints zu haben und zu identifizieren, welche einen besonderen Einfluss auf die Beziehung mit Kunden haben, um diese zu pflegen und zu optimieren.

Vergleicht eine Persona zu Beginn ihrer Kaufentscheidung beispielsweise immer gerne verschiedene Optionen, so könnte ein Handlungshinweis sein, entsprechende Optionen zu bieten, etwa mit einer vergleichenden Übersicht auf der

Webseite oder Informationsmaterialien, die kurz und knackig alles Notwendige zusammenfassen. Wenn Sie als Teil der Persona die empfohlenen Prozesse, Handlungen und Kommunikationsmaßnahmen mitliefern oder idealerweise auch im (interdisziplinären) Team direkt entwickeln, stellen Sie sicher, dass die Persona auch eingesetzt wird.

3.2   Das Interview bzw. Gespräch mit Kunden

Kunden-Interviews sind notwendig, um die Kundensicht in der Persona zu garantieren. Gerade, wenn es um die Gewohnheiten, Bedürfnisse, Motivationen und Bedenken geht, können die Kunden selbst oft sehr viel klarer Aussagen machen als unternehmensinterne Personen. Im schlimmsten Fall werden ansonsten die Bedürfnisse der Personas nicht aus tatsächlichen Kundenbedürfnissen übernommen, sondern direkt vom Produkt/Angebot abgeleitet.

Beispiel

Ein Unternehmen stellt moderne, kabellose Staubsauger her. Das Marketingteam entwickelt eine Persona, die schnell und flexibel jederzeit saugen möchte, und richtet daher eine Kampagne aus, die das kabellose Feature in den Vordergrund stellt. Leider ist die Kampagne nicht von Erfolg gekrönt. Bei einer anschließenden Zielgruppenbefragung stellt sich heraus, dass die meisten Kunden nicht ständig kurz saugen, sondern viel eher einmal alle paar Tage alle Zimmer nacheinander. Bei einem Akkusauger befürchten sie, dass das Akku sich in kurzer Zeit leert und der Vorgang frühzeitig abgebrochen werden muss.◄

Für Interviews sind reine **Fragebögen** zwar adäquat, sollten jedoch auch Möglichkeiten zur freien Texteingabe bieten, da echte Zitate zum Kernstück einer Persona gehören. Ob Sie Ihre Fragebögen online oder physisch ausgeben bzw. per Telefon erfragen, hängt von Ihrer Zielgruppe ab und davon, was diese bevorzugt. Da ein informativer Fragebogen zeitintensiver ist, können hier auch Incentives (Anreize) beim Ausfüllen helfen, etwa Rabatte oder kleine Aufmerksamkeiten.

Übrigens können auch Personen, die sich gegen das Angebot entschieden haben, wertvollen Input liefern und sollten daher nach Möglichkeit ebenfalls befragt werden.

Persönliche Interviews sind in der Regel empfehlenswert, um auf Gesprächspunkte einzugehen, die bei der Erstellung des Fragekatalogs eventuell nicht berücksichtigt wurden. Es kann immer vorkommen, dass Sie aus Ihrer Perspektive bestimmte Punkte übersehen haben, die für Ihre Kunden relevant und erklärungsbedürftig sind.

Besonders bei persönlichen Interviews spielt Transparenz eine große Rolle. Erklären Sie, wofür Sie das Interview machen und was Sie mithilfe der Fragen erfahren wollen. Seien Sie sich beim Durchführen des Interviews bewusst, welchen Zweck es hat. Insbesondere bei den Fragen, die kritische Antworten zu Ihrem Unternehmen initiieren, sollten Sie keine Abwehrhaltung einnehmen und sich verteidigen, sondern die Antworten unkommentiert dokumentieren. Zusätzlich sollten Sie sich gerade bei sensiblen Themenbereichen (etwa, wenn Sie im Gesundheitswesen oder in der Finanzbranche arbeiten) darauf vorbereiten, dass nicht immer alle Fragen beantwortet werden.

3.2.1 Beispiel-Fragen für Kunden-Interviews

Die hier aufgeführten Fragen können natürlich ergänzt oder auch auf Ihre Bedürfnisse hin angepasst werden. Diese Auswahl soll Ihnen lediglich ein Gefühl dafür vermitteln, wie die Interviews aufgebaut werden.

Allgemeine Fragen:

- Warum haben Sie Interesse am Produkt?
- Kaufen Sie das Produkt für sich oder für andere?
- Wo und wie informieren Sie sich, um Empfehlungen zu erhalten (Familie, Bekannte, Internet, Vergleichsportale, Social Media etc.)?
- Recherchieren Sie auch Online? Wenn ja, wie und wo informieren Sie sich besonders häufig (Anbieter, Vergleichsportale, Google, Social Media etc.)?
- Mit welchem Gerät sind Sie am häufigsten im Internet (Computer, Laptop, Tablet, Smartphone)?
- Nutzen Sie Ihr Smartphone zur Recherche, zum Bezahlen, zum Online-Shopping, zur Registrierung für Events, zur Anmeldung für Newsletter, für E-Mails, für Social Media?
- Was ist Ihnen bei der Wahl eines Produkts besonders wichtig?
- Welche Informationen sind für Sie notwendig, um eine Entscheidung zu fällen?
- Was erwarten Sie von Ihrem Kauf?

- Auf welchem Kanal wollen Sie über Produktangebote informiert werden?
- Was hindert Sie an einem Kauf? Warum würden Sie sich gegen einen Kauf entscheiden?
- Auf welchem Kanal wollen Sie Probleme ansprechen/behandeln?
- Möchten Sie Probleme gerne selber (Self-Service) lösen oder wollen Sie von einer Kontaktperson betreut werden?
- Was fällt Ihnen spontan ein, wenn Sie an unser Unternehmen denken?

3.2.2 B2B-Interviews

Für Interviews mit B2B-Kunden finden sich oft Fragen im Netz zum Unternehmenshintergrund, der Branche etc. Allerdings empfiehlt es sich, im Vorfeld eine Kundenrecherche durchzuführen, sodass Sie diese eher oberflächlichen Fragen gar nicht erst stellen müssen und mehr Zeit für komplexere Fragestellungen haben.

Informationen, die sich häufig recherchieren lassen:

- Unternehmensgröße
- Industrie
- Marktbereich (regional/global)
- Produktbereiche/Serviceangebote
- Motto/Slogan
- Unternehmensphilosophie
- Umsatz
- Rolle der interviewten Person (lässt sich beispielsweise via Social-Media-Präsenz herausfinden)

Die Fragen:

- Wie sieht Ihr Arbeitsalltag aus, was sind Ihre Haupttätigkeiten?
- Welche Probleme ergeben sich für Sie ganz besonders im Alltag?
- Was erwarten Sie von unserem Produkt/Service?
- Wie wollen Sie mehr über unsere Produkte/Services erfahren (E-Mail, Social Media, persönliches Gespräch, Demo)?
- Wer ist außerdem bei einer möglichen Kaufentscheidung in Ihrem Unternehmen involviert?
- Wie sprechen Sie sich mit anderen involvierten Personen ab?

- Was brauchen Sie an Informationen, um eine Kaufentscheidung auch im Team zu fällen?
- Mit welchen anderen Produkten/Services haben Sie unsere Produkte/Services verglichen?
- Was gefällt Ihnen an den anderen Produkten/Services besser?
- Was gefällt Ihnen an unserem Produkt/Service besonders gut?
- Warum würden Sie unser Produkt/Service nicht kaufen?
- Was sind Ihre persönlichen Erfolge/Ziele, die Sie mitunter auch durch unser/en Produkt/Service erreichen wollen?
- Wie messen Sie Ihre Erfolge/Ziele?
- Was würde Sie als zusätzliches Lernmaterial für unser/en Produkt/Service interessieren?
- Welche zusätzlichen Produkte/Services sind außerdem spannend für Sie?

3.3 Persona-Template/Canvas

Persona-Templates bieten eine perfekte Vorlage, um die wichtigsten Punkte, Merkmale, Aussagen einer Persona zu dokumentieren und beispielsweise mit Handlungsempfehlungen und Botschaften zu ergänzen. Das Template ist wie eine Profilbeschreibung aufgebaut und kann je nach Bedarf visualisiert werden. Das hier vorgestellte Template passt in PowerPoint-Präsentationen und lässt sich daher einfach teilen, in Projektbeschreibungen einarbeiten oder als Teil einer Kampagne einbinden.

Voraussetzung für ein gutes Template ist übrigens, dass es für alle Nutzer verständlich und selbsterklärend ist. Beim Erstellen/Ausfüllen sollten Sie also darauf achten, dass alle Punkte auch von Personen verstanden werden, die nicht an der Entwicklung beteiligt waren.

Kurzprofil vs. Langprofil
Es gibt unterschiedliche Detailstärken in der Entwicklung von Personas. Je nach Einsatzzweck und auch Ressourcen muss eine Persona nicht alle bereits vorgestellten Merkmale, Eigenschaften und Verhaltensweisen vorweisen. Überlegen Sie sich im Vorfeld, warum die Personas notwendig sind und wie sie eingesetzt werden sollen. Ein kleiner Verein braucht vielleicht nur ein grobes Bild seiner Personas, um seine Kommunikation gezielter auszurichten, während ein großer Retailer mit vielen Kampagnen und Kundengruppen sicher mehr über seine Personas wissen muss, um nicht nur ein erfolgreiches Marketing aufzusetzen, sondern auch im Sales-Prozess den richtigen Ton zu treffen.

Das Persona-Kurzprofil (Abb. 3.2) ist dabei nicht weniger wertig als das Langprofil (Abb. 3.1), fasst jedoch bestimmte Themen etwas gröber zusammen und verzichtet auf Details, die erst dann relevant sind, wenn Personas nicht nur für einzelne Themen, Bereiche und Kampagnen eingesetzt werden sollen, sondern für eine umfangreiche Kundenreise über alle Unternehmensbereiche hinweg.

Dabei müssen sowohl Kurz- als auch Langprofil nicht alle vorgegebenen Punkte abdecken. Sie sollten sich vor der Verwendung im Team abstimmen, was wirklich relevant für Ihre Personas ist, um darauf basierend den Umfang und die Schwerpunkte Ihrer Personas individuell zusammenzustellen. Die vorgestellten Templates dienen quasi als „Serviervorschlag".

3.4   Formulierungshilfen für das Erstellen von Personas

Gerade, wenn es um die Interessen, das Kommunikationsverhalten und Besonderheiten geht, fehlt dem ein oder anderem vielleicht das richtige Wort, um eine Persona zu beschreiben. Deshalb erhalten Sie im Folgenden ein paar Formulierungshilfen für bestimmte Themenbereiche, und zusätzlich werden einige typische Unterscheidungsmerkmale vorgestellt, die helfen, bestimmte Verhaltensweisen zu differenzieren.

> **Nomen est Omen**
> Auch wenn es auf den ersten Blick ungewöhnlich scheinen mag, empfiehlt es sich, sprechende Namen zu verwenden, die sich leicht merken lassen und die durchaus auch eine „Schublade" bedienen. Der Grund dafür ist sehr naheliegend: Im Arbeitsalltag wissen die mit den Personas arbeitenden Mitarbeiter sofort, wer gemeint ist. Das kann, wie in unserem Beispiel, Jette sein, die an die Tochter eines Modedesigners erinnert und in bester Alliterationstradition das „J" wie Jet-Set im Namen trägt, also Jet-Set-Jette. Einmal gehört, vergisst man diese Persona nicht mehr und kann sie direkt den entsprechenden Aktivitäten zuordnen. Oder eben Uwe, Umwelt-Uwe, der auch Greenpeace-Gregor oder Wald-Vanja oder, wenn er deutlich jünger ist, auch Tim Timberland oder Forst-Flynn heißen könnte.
> Im B2B-Bereich empfehlen sich Alliterationen mit Fachbereichsbezug besonders, da hier Personas seltener private Eigenschaften haben: Marketing-Markus, Digitalisierungs-Dennis, Sales-Sonja oder Procurement-Petra.

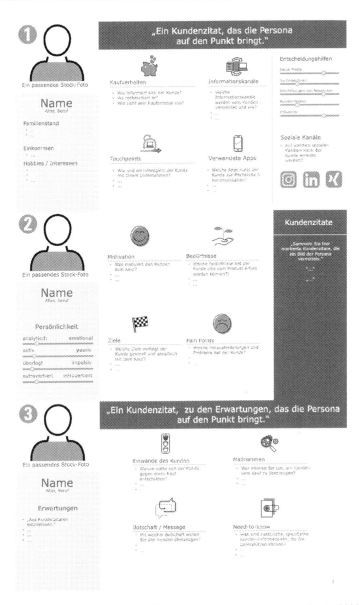

Abb. 3.1 Persona-Template, lange Version (Adaptiert nach Müller, Frank 2020. Mit freundlicher Genehmigung von © ec4u [2021]. All Rights Reserved)

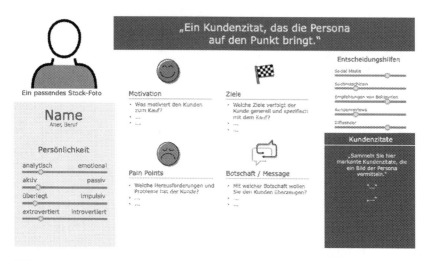

Abb. 3.2 Persona-Template, kurze Version (Adaptiert nach Müller, Frank 2020. Mit freundlicher Genehmigung von © ec4u [2021]. All Rights Reserved)

3.4.1 Kommunikationsverhalten & Besonderheiten

Die folgenden Formulierungsvorlagen sind lose kategorisiert, schließen sich jedoch nicht aus. Es gibt sehr wohl auch Personas, die sich emotional mitreißen lassen, jedoch für die finale Entscheidung klare Fakten bevorzugen. Zusätzlich können beispielsweise sowohl sachliche als auch emotionale Menschen auf Hinweise und Erfahrungen anderer (Bekannter, Nutzer, Kunden) Rücksicht nehmen.

Entscheidungsarten (Beispiele):

- **Sachlich:** pragmatisch, faktenbasiert, recherchiert viel, wägt Entscheidungen ab, erstellt Listen, vergleicht Optionen, informiert sich, schlägt nach, prüft Quellen/Informationen
- **Emotional:** geht nach dem Bauchgefühl, ist impulsiv, lässt sich von Bildern und Musik beeinflussen, möchte persönlich angesprochen werden, legt viel Wert auf Erlebnisse

Persönlichkeit (Beispiele):

- **Beziehungsmensch:** liest sich Bewertungen und Rezensionen durch, fragt im Bekanntenkreis nach Empfehlungen und Erfahrungswerten, fragt in den Social Media nach Erfahrungen und Vorschlägen, lässt sich von Freunden/Bekannten beraten, vertraut Bekannten/anderen Nutzern eher als Unternehmen, muss sich als Kunde wohl und aufgehoben fühlen, engagiert sich in „Communities", ist hilfsbereit, reagiert positiv auf „Du"
- **Sozial:** sozial/politisch engagiert, umweltbewusst, ethisch, hat hohe Moralansprüche, muss mit der Kultur/Ethik eines Unternehmens auf einer Linie sein, interessiert sich stark für ethisch/soziale Hintergründe, Herstellungsdetails, Nachhaltigkeitsaspekte, informiert sich auf entsprechenden Plattformen, spendet für den guten Zweck, möchte mit Konsum auch Gutes bewirken/Einfluss nehmen, prüft Versprechen kritisch auf die Einhaltung, spricht Widersprüche auch öffentlich an (z. B. in den Social Media)
- **Trendsetter:** immer up-to-date, sehr offen für Newsletter, folgt auf Social-Media-Kanälen, beteiligt sich aktiv an Diskussionen, möchte gerne frühzeitig über neue Entwicklungen/Angebote informiert werden, testet gerne aus, ist experimentierfreudig, arbeitet sich schnell und gerne in neue Anwendungen/Prozesse ein, teilt News und Erfahrungen, fungiert als Influencer

3.4.2 Ideenlisten

Zur Beschreibung einer Persona ist die Nutzung von eindeutigen Begriffen von Vorteil. Als einfaches Arbeitsmittel empfiehlt sich bei der Suche nach den treffenden Wörtern die Nutzung eines Synonymwörterbuchs, zum Beispiel als Online-Tool www.openthesaurus.de oder www.synonyme.de. Zum erleichterten Einstieg oder zur Inspiration helfen auch Wortlisten oder das Nutzen von Suchmaschinen, z. B. „Beliebteste Vornamen 1980" oder „Häufigste Berufe 2000".

Ideenliste Berufe (für B2C)
Arzt/Ärztin, MaklerIn, LandwirtIn, Hausfrau/-mann, InfluenzerIn, JournalistIn, KünstlerIn, PsychologIn, HandwerkerIn, ControllerIn, Anwalt/Anwältin, PflegerIn, FriseurIn, ArchitektIn, PensionärIn, RentnerIn, MinijobberIn, SchülerIn, StudentIn, AuszubildendeR, SoldatIn, BeraterIn, VerkäuferIn, Data Scientist, SachbearbeiterIn, TierärztIn, LehrerIn, Werbefachmann/frau, BibliothekarIn.

Ideenliste Rollen im B2B (neben den Fachbereichen wie Marketing, Vertrieb, IT etc.)

Entscheider, Beeinflusser, Assistenz, Investor, Anwender, Mitarbeiter, Expatriot, Aufsichtsrat, Neueinsteiger, Einkäufer, Controller, Multiplikator, Freelancer, Stakeholder, Shareholder

Ideenliste Eigenschaften

Abenteuerlustig	Besserwisserisch	Konservativ
Abwägend	Beweglich	Kontaktfreudig
Abwartend	Bodenständig	Kreativ
Achtlos	Brillant	Kritisch
Albern	Chaotisch	Kühl
Altruistisch	Charakterstark	Leichtsinnig
Analytisch	Charismatisch	Lleistungsorientiert
Anarchisch	Charmant	Lernbereit
Ängstlich	Cholerisch	Liberal
Anhänglich	Cool	lLebevoll
Anpassungsfähig	Demütig	Lloyal
Anspruchslos	Dickhäutig	Mobil
Anspruchsvoll	Dickköpfig	Modern
Anständig	Distanziert	Motiviert
Antriebslos	Diszipliniert	Mutig
Apathisch	Dominant	Neugierig
Arbeitssüchtig	Durchsetzungsfähig	Offen
Arglistig	Effizient	Ökologisch
Aristokratisch	Egoistisch	Optimistisch
Armselig	Ehrgeizig	Organisiert
Artig	Ehrlich	Perfektionistisch
Attraktiv	Eifersüchtig	Pragmatisch
Aufdringlich	Eifrig	Proaktiv
Auffallend	Eigensinnig	Resilient
Aufmerksam	Einfallslos	Risikofreudig
Aufopferungsvoll	Einfallsreich	Rücksichtsvoll
Ausdauernd	Einsam	Selbstbeherrscht
Ausgefallen	Empathisch	Selbstbewusst

Ausgeglichen	Entscheidungsfreudig	Sorgfältig
Authentisch	Extravertiert	Sozial
Autonom	Fair	Spontan
Autoritär	Festgefahren	Sportlich
Barmherzig	Flexibel	Stabil
Bedacht	Furchtlos	Strukturiert
Beeinflussbar	Geduldig	Teamfähig
Begabt	Gerecht	Temperamentvoll
Begeisterungsfähig	Gewissenhaft	Traditionell
Beherrscht	Gläubig	Treu
Behutsam	Hedonistisch	Unternehmerisch
Belastbar	Hilfsbereit	Unzufrieden
Beleidigend	Hilfsbereit	Verantwortungsbewusst
Beliebt	Hoffnungsvoll	Verträglich
Bequem	Innovativ	Weise
Beratungsresistent	Intellektuell	Widerstandsfähig
Berechenbar	Introvertiert	Zuverlässig
Bescheiden	Klug	Zuversichtlich
Beschränkt	Kommunikativ	
Besitzergreifend	Konfliktfähig	

Ideenliste für typische Apps und Kanäle

Instagram, YouTube, Twitter, Facebook, Pinterest, TikTok, Twitch, Flickr, Whats-App, Telegram, iMessage, Threema, Signal, LinkedIn, Xing, Slideshare, Vimeo, Reddit, Outbrain, Tumblr, Quora, GuteFrage.de, Google, Google Ads, Check24, Idealo, preisvergleich.de, expedia.de, Stiftung Warentest, Die Zeit, Süddeutsche Zeitung, Frankfurter Allgemeine Zeitung, Spiegel, SPON, Focus, Brigitte, Essen & Trinken, GEO, Handelsblatt, The Times, Managers Magazin, ARD, ZDF, Die Dritten, QVC, RTL, n-tv, DLF, HR3, Klassik Radio oder auch die Anbieterwebseiten, Anbieter-Newsletter, Online Tutorials, Fachblogs, Foren

3.5   Beispielpersonas: Jette J. und Uwe K.

Im Folgenden werden zwei Beispielpersonas vorgestellt, die darstellen, wie Sie Ihr Persona-Template anlegen und ausfüllen können und wie das Resultat aussieht. Dazu wurden die empfohlenen Template-Vorlagen verwendet. Sie können natürlich Ihr eigenes Design entwickeln und Ihre Schwerpunkte setzen, die Beispiele dienen lediglich der Veranschaulichung, wie die oben genannten Eigenschaften einer Persona am Ende zusammengefasst werden können.

3.5.1   Kundin eines Luxus-Retailers: Jette J.

Das erste Beispiel ist die Persona einer Kundin eines Handtaschen-Anbieters im Luxusbereich (siehe Abb. 3.3.). Jette J. dient dem Anbieter dazu, die Botschaften an eine bestimmte Kundengruppe zu verschärfen und die richtigen Themen für die visuelle Darstellung und auch die Texte auf Jettes Bedürfnisse anzupassen. Intern kann sie auch als „Jet-Set-Jette" benannt werden, dies sollte jedoch nicht in den Arbeitsdokumenten geschehen, da Personas nie dazu dienen sollten, Kunden negativ zu zeichnen.

Abb. 3.3 Persona Jette (Adaptiert nach Müller, Frank 2020. Mit freundlicher Genehmigung von © ec4u [2021]. All Rights Reserved)

3.5.2 Mitglied eines Umweltvereins: Uwe K.

Das zweite Beispiel ist ein Mitgliedsprofil eines Umweltvereins, das auf ganz bestimmte Erwartungen einer Mitgliedergruppe eingeht (siehe Abb. 3.4.). Uwe K. zeigt, dass nicht jede Persona direkt den Umsatz/Verkauf zum Ziel haben muss, sondern dass auch andere Kommunikationsmaßnahmen mit Personas optimiert werden können. Uwes Persona basiert auf der kurzen Persona-Vorlage, da der Verein im Beispiel vorwiegend ehrenamtliche Arbeit enthält und für die Mitgliederansprache nicht so viele Details braucht wie der Handtaschen-Anbieter in Jettes Beispiel, da keine großen Marketing-Kampagnen geplant sind.

Abb. 3.4 Persona Uwe (Adaptiert nach Müller, Frank 2020. Mit freundlicher Genehmigung von © ec4u [2021]. All Rights Reserved)

Persona-FAQ (Frequently Asked Questions)

Bei der Entwicklung und beim Einsatz von Personas kann es immer wieder dazu kommen, dass unklar ist, was genau beim Erstellen beachtet werden muss und wie Personas angewandt werden. Im Folgenden werden besonders häufige Fragen und Herausforderungen erläutert. Diese wurden teilweise in vorherigen Kapiteln angesprochen, werden hier jedoch noch einmal der Übersicht halber gesammelt.

4.1 Was sind häufige Fehler beim Erstellen von Personas?

Die wohl häufigsten Fehler bei der Entwicklung von Personas liegen oft in einer zu starken Fokussierung auf die eigenen Wünsche. Kunden-Bedürfnisse werden als bekannt vorausgesetzt, statt diese konkret zu erfragen.

Personas ohne Kundenbezug erstellen Werden insbesondere Motivationen, Bedürfnisse, Pain Points und Ziele geschätzt, anstatt sie in Interviews oder anderen Gesprächssituationen direkt von Kunden zu erfahren, so sinkt die Aussagekraft der Personas. Gerade deshalb sollten immer Personen bei der Erstellung mitwirken, die im direkten Kundenkontakt stehen und daher Erfahrungswerte mitbringen.

Eigene Prioritäten in Personas einfließen lassen Nicht selten können eigene Wünsche und Prioritäten in die Personas mit einfließen. Gerade bei den Erwartungen, aber auch Wünschen oder Herausforderungen von Personas kann es schnell passieren, dass diese an bereits bestehende Botschaften, Produkte und Services angepasst werden. Diese Art von Personas sagen am Ende jedoch weniger über die eigentlichen Kunden aus, sondern sind nur eine rein fiktive Darstellung von idealisierten Kunden, die es so nicht gibt.

© Der/die Autor(en), exklusiv lizenziert durch Springer Fachmedien Wiesbaden GmbH, ein Teil von Springer Nature 2021
S. Kirchem und J. Waack, *Personas entwickeln für Marketing, Vertrieb und Kommunikation*, essentials, https://doi.org/10.1007/978-3-658-33088-0_4

Eigenschaften über Motivation priorisieren Der reine Fokus auf Eigenschaften kann an der ein oder anderen Stelle sicher den Entwicklungsprozess von Personas beschleunigen, sorgt jedoch auch dafür, dass ihr eigentlicher Nutzen – eine gezielte, persönliche Ansprache und Ausrichtung von Prozessen – nicht möglich ist. Gerade grobe demografische Gruppen teilen zwar bestimmte Eigenschaften, unterscheiden sich aber drastisch in ihren Bedürfnissen und Zielen. Genau deshalb sind eben diese Merkmale so wichtig bei der Persona-Entwicklung, da erst sie Hinweise darauf geben, was wichtig für die Kunden ist, auf welche Informationen und Botschaften sie positiv reagieren und warum sie überhaupt kaufen wollen.

Personas nicht aktualisieren Personas müssen regelmäßig aktualisiert werden, da sich das Kundenverhalten gerade im digitalen, aber auch kulturellen Wandel immer schneller verändert. Eine Persona darf entsprechend nicht in Stein gemeißelt werden und sollte immer offen für neue Erkenntnisse, Kritik und Änderungen sein.

Personas nicht nutzen Viel zu häufig werden Personas aufwendig entwickelt, in ein paar Marketing-Kampagnen angewandt und verstauben anschließend in irgendeinem Ordner. Personas müssen im Unternehmen verteilt und kommuniziert werden. Teilweise bedeutet das, dass sie für verschiedene Zwecke angepasst werden müssen, sodass beispielsweise auch Service und Vertrieb sowie andere kundennahe Bereiche wissen, wie und warum sie eingesetzt werden.

4.2 Wie viele Personas braucht man?

In der Regel haben Unternehmen eher zu viele als zu wenig Personas. Wichtig bei der Differenzierung ist, dass Personas eben nicht nach demografischen Merkmalen unterschieden werden, sondern nach Kaufmotivation und Präferenzen (also: Was kaufen sie, wann, wie oft und warum?) oder im B2B-Bereich häufig auch nach Fachgebieten und entsprechend fachlichen Anforderungen. Gerade diese Motivationen lassen sich häufig in eine überschaubare einstellige Anzahl von Personas aufteilen.

Eine perfekte und „richtige" Anzahl gibt es derweil nicht. Das hängt auch davon ab, wie groß beispielsweise der Markt eines Unternehmens ist. Doch selbst bei Großanbietern mit einer Vielfalt an Angeboten ist eine Unterscheidung in wenige markante Personas vorzuziehen. Während ein Anbieter von Schokolade beispielsweise eher Personas unterscheidet, die dunkle, Vollmilch- oder weiße

Schokolade bevorzugen, kann sich eine Supermarktkette eher auf loyale und gelegentliche sowie Groß- und Kleineinkäufer konzentrieren.

Wichtig ist, dass Personas einerseits Ihre Wunschkunden darstellen sollen (also wen wollen Sie auch wirklich ansprechen) und andererseits dabei unterstützen, Ihre Kampagnen gezielter durch eine persönlichere Ansprache aufzusetzen, um möglichst viele verschiedene Kunden anzusprechen.

4.3   Wer sollte an der Entwicklung einer Persona beteiligt sein?

Obwohl in der Praxis die Entwicklung meist in den Händen des Marketings liegt, sollten im Idealfall unbedingt auch Personen involviert sein, die direkt mit Kunden im Kontakt stehen. Auch das kann je nach Unternehmen unterschiedlich sein und sollte auch darauf basieren, wer die Persona am Ende nutzen will.

Im Business-Kontext sind Personen aus Marketing, Sales und Service oft eine gute Kombination, um ein möglichst rundes Bild von den Anforderungen, Verhaltensweisen und Herausforderungen der Kunden zu erhalten.

Sollen beispielsweise Bewerber-Personas erstellt werden, so empfiehlt sich eine Gruppe aus den Personen im Unternehmen, die besonders intensiv im Einstellungs- und Betreuungsprozess von Angestellten involviert sind.

4.4   Wie lange „hält" eine Persona an?

Eine Persona ist nicht in Stein gemeißelt und sollte regelmäßig auf ihre Aktualität überprüft werden. Doch wie kann man dabei vorgehen? Oft ist der Erfolg im Einsatz ein guter Indikator. Gehen Konversionen, Teilnahmezahlen und Umsätze zurück, so lohnt der Blick auf die Personas und ob diese eventuell mittlerweile von dem tatsächlichen Kundenverhalten abweichen.

Grob lässt sich jedoch sagen, dass eine Prüfung alle ein bis zwei Jahre in jedem Fall angebracht ist, da sich das Kundenverhalten parallel zum digitalen Wandel immer schneller wandelt. Der bereits zitierten cintell-Studie (cintel 2016) zufolge aktualisieren erfolgreiche B2B-Unternehmen ihre Personas sogar in Abständen von weniger als sechs Monaten.

In Zeiten von disruptiven Veränderungen, also abrupten Geschehnissen, die quasi unmittelbar Veränderungen nach sich ziehen, sollte außerdem ein Blick auf Personas im Kontext der Geschehnisse geworfen werden. So hat sich das Verhalten fast aller Menschen während der Covid-Krise massiv verändert.

4.5   Was unterscheidet eine Buyer Persona von einer User Persona?

Geht man nach den gängigen Definitionen im Netz, gibt es keine Unterscheidung zwischen Buyer und User Personas. Allerdings könnte man argumentieren, dass eine User Persona eine größere Nutzergruppe umfasst als nur Kunden, da nicht jeder Nutzer ein Kunde sein muss, sondern auch ein Angestellter, Teilnehmer, etc. sein kann.

User Personas werden häufig in den Bereichen der Produktentwicklung bzw. im Design verwendet, da sie dabei helfen sollen, die Erwartungen und Bedürfnisse von potenziellen Nutzern widerzuspiegeln. So gibt es beispielsweise bei der Entwicklung einer Software, um das bargeldlose Bezahlen an Ladenkassen zu erleichtern, verschiedene Nutzerperspektiven, die berücksichtigt werden müssen. Die Oberfläche muss für Kunden ebenso verständlich sein wie für das Personal an der Kasse. Gleichzeitig muss die Software so aufgesetzt werden, dass die Informationen auch von den Finanzanbietern schnell und sauber verarbeitet werden können.

4.6   Wie viele „fiktive" Details braucht eine Persona?

Die fiktiven Details einer Persona dienen dazu, dass die Persona einfacher als echte Person wahrgenommen werden kann. Dadurch können Kampagnen persönlicher ausgerichtet werden, und die Arbeit mit der Persona fällt leichter. Die Details müssen dabei gar nicht komplett ausgeschmückt werden. Es ist sogar praktischer, wenn sie auf echten Kunden basieren, weil sie dadurch echte Personen widerspiegeln. Ähnelt die Persona eines Marketing-Kunden im B2B-Bereich dem eigenen Marketing-Manager, kann es beispielsweise sehr viel leichter fallen, für diese Persona Material, Prozesse und Kampagnen zu entwickeln.

Da der Kern einer Persona in der Motivation, den Bedürfnissen, Herausforderungen und Zielen liegt, braucht die Persona theoretisch keine ausdetaillierte Charakterstudie mit einer elaborierten Lebensgeschichte. Generell ist empfohlen, der Persona einen Namen, ein Foto und zumindest ein paar grobe fiktive Eigenschaften zu geben, sodass sie auch „fassbar" ist. Wie umfänglich diese Eigenschaften sind, hängt jedoch vom Einsatzgebiet ab.

4.7   Wie viele Interviews muss ich für eine Persona führen?

Die Anzahl der Interviews hängt stark von der Art der Interviewform ab. Online-Fragebögen beispielsweise ermöglichen keine Nachfragen und werden oft auch anonym ausgefüllt, sodass hier eine höhere Zahl von Vorteil ist.

Gerade bei persönlichen 1:1-Gesprächen reichen sicher auch zwei bis drei Interviews pro Persona, diese werden im wissenschaftlichen Bereich auch „qualitative Interviews" genannt. Hier hat man sich in der Regel bereits vor dem Interview mit der entsprechenden Person auseinandergesetzt, Fragen teilweise auch individuell vorbereitet und kann auf bestimmte Themen eingehen. Dadurch ist das Interview umfangreicher und mitunter auch aussagekräftiger. Wichtig ist jedoch, dass gerade bei stark abweichenden Antworten von Interviewpartnern derselben Persona weitere Interviews hinzugezogen werden sollten, um zu starke Widersprüche innerhalb der Persona zu vermeiden.

4.8   Können Personas auch gemessen werden?

Mit sogenannten Key Performance Indicators (kurz: KPI) werden für gewöhnlich Kampagnen und Maßnahmen mit klar messbaren Zielen versehen, um die jeweiligen Erfolge zu messen. Wie diese bei Personas aussehen, hängt vom Einsatzgebiet ab. Werden Personas beispielsweise dafür verwendet, die Mitgliedsraten eines Vereins zu steigern, so kann ihr Erfolg an den Mitgliedszahlen festgelegt werden. Die KPI werden also konkret daran festgemacht, welche Ziele mit ihnen erreicht werden sollen.

Im Unternehmensmarketing können Personas an verschiedenen KPI, etwa Konversionsraten, Engagement, Käufen und dem Umsatz gemessen werden.

Auch lohnt sich der Vergleich von KPI zwischen verschiedenen Personas, um zu identifizieren, ob einzelne Personas angepasst werden müssen. Lassen sich keine nennenswerten Steigerungen mit neu entwickelten Personas in den Zielzahlen erkennen oder sinken die Zahlen sogar im Vergleich zur vorherigen Kommunikation, so legt dies nahe, dass die Personas nicht wirklich die richtigen Botschaften, Bedürfnisse und Herausforderungen repräsentieren, um Kunden erfolgreich anzusprechen und zu überzeugen.

Mögliche KPI:

- **Umsatz:** Welche Personas machen den meisten Umsatz und konnte der Umsatz durch Kampagnen, die Personas verwenden, gesteigert werden?
- **Engagement:** Steigt das Engagement durch den Einsatz von Personas, etwa auf Social-Media-Kanälen?
- **Konversion:** Kann durch die Personas ein Wachstum an neuen Mitgliedern, Abonnenten, Kunden und Käufern festgestellt werden?
- **Kundenbindung:** Besteht bei Kundengruppen, die mithilfe von Personas angesprochen werden, eine längere Bindung zum Unternehmen bzw. springen sie seltener ab?

5.1 Datenbasierte Personas

Im Folgenden sollen noch zwei Themen rund um Personas erörtert werden, die nicht zwingend notwendig zur Entwicklung sind, jedoch Zukunftspotenzial haben, um die Nutzung von Personas noch weiter zu optimieren.

Eine der großen Herausforderungen bei der Entwicklung und vor allem Anwendung von Personas ist die Tatsache, dass eine Persona zwar auf echten Kundenzitaten, Erfahrungen und Zielgruppeninformationen basiert, aber dennoch schwer im Unternehmen o.ä. zu verankern ist, weil die Wirkung und Belastbarkeit von Personas ohne feste „Daten" scheinbar nicht reichen. Abgesehen davon, dass Personas gar nicht in jedem Detail belastbar sein müssen, sondern in vielen Fällen eher einen Rahmen für Kommunikationsstrategien bieten, gibt es Möglichkeiten, bestimmte Teile von Personas mithilfe von Data Analytics zu entwickeln, um dadurch eine „solide" Datenbasis zu schaffen, die dann mit den Kundenbefragungen und Eindrücken kundennaher Mitarbeiter etc. ergänzt werden können.

Sogenannte „datenbasierte Personas" werden dabei aus den Bestandskunden mithilfe von Machine-Learning-Prozessen generiert.

▶Machine Learning ist ein Teilbereich der künstlichen Intelligenz und umfasst das Entwickeln lernender Elemente in Software, aber auch der Robotik. Die Besonderheit liegt darin, dass der „Maschine" die Fähigkeit programmiert wird, das eigene Verhalten und auch eigene Prozesse zu verändern, und zwar basierend auf den verarbeiteten Daten. Ähnlich, wie sich das menschliche Verhalten ändern kann, wenn man etwas Neues dazulernt (Reh und Reichenbach 2019).

S. Kirchem und J. Waack, *Personas entwickeln für Marketing, Vertrieb und Kommunikation*, essentials, https://doi.org/10.1007/978-3-658-33088-0_5

Für datenbasierte Personas bedeutet dies also, dass die Software die Personas anpasst, wenn sie neue, ergänzende oder widersprüchliche Daten verarbeitet. Dadurch werden die Personas genauer und passen sich auch Marktveränderungen und neuen Kundengruppen an. Machine Learning kann dabei nach vordefinierten Eigenschaften Cluster, also Datenballungen, entwickeln und auswerten oder auch selbstständig Differenzierungsmerkmale identifizieren und segmentieren. Dadurch lassen sich Kunden einfacher in Personengruppen aufteilen. Diese Gruppen können dann als Grundlage für eine Persona verwendet und durch Fragebögen und Interviews ergänzt bzw. finalisiert werden.

> **Beispiel**
>
> Eine große globale Hilfsorganisation kann mithilfe von Machine Learning Unterschiede zwischen einmaligen und regelmäßigen Spendern herausfiltern, um so gezielt Kampagnen für diese unterschiedlichen Personas zu entwickeln. Die Hilfsorganisation findet auf diese Weise heraus, dass einmalige Spender:
>
> - durchschnittlich jünger sind als regelmäßige Spender,
> - häufiger an Feiertagen spenden (an Weihnachten, aber auch an Geburtstagen),
> - oft spenden, wenn es News zu ähnlichen Themen gibt,
> - 60 % der gesamten Spendeneinnahmen ausmachen und daher sehr wertvoll für die Hilfsorganisation sind,
> - selten auf Newsletter reagieren.
>
> Aus diesen Infos können bereits wertvolle Schlüsse gezogen werden, um eine spezifische Ansprache und Kampagnen für einmalige Spender zu entwickeln. So können besondere Spendenaktionen zu Geburtstagen angeboten werden, die es Freunden und Familie erlauben, auf einer individuellen Geburtstagsseite zu spenden. Auch kann das Budget für Weihnachtskampagnen für einmalige Spender erhöht und für Newsletter reduziert werden.◄

Datenbasierte Personas können übrigens auch dabei helfen, Informationen darüber zu erhalten, welche Kanäle und Geräte besonders häufig verwendet werden. Zwar kann dies auch in Interviews erfragt werden, doch bei bestimmten Themen sind empirische Daten hilfreicher als einzelne Erfahrungswerte. Selbst Daten wie beliebte Uhrzeiten, Wochentage und Jahreszeiten können mit den richtigen Methoden gefiltert und aufbereitet werden.

Ein großer Vorteil der datenbasierten Personas liegt darin, dass sie automatisch eine messbare Grundlage bieten, worauf die Personas begründet sind. Wie Frank Müller in seinem Vortrag „Next Level Kundenansprache mit datenbasierten Personas" erklärt, müssen Personas auf die Kunden passen, da der Content und andere Maßnahmen auf sie ausgerichtet werden. Datenbasierte Grundlagen helfen dabei, die „Passgenauigkeit zu erreichen" (Müller 2020).

Dies kann die Argumentation für eine unternehmensweite Nutzung der Personas unterstützen und ihren Einsatz validieren.

5.2   Negative Personas

Wenn man sich gesund ernähren möchte, ist es nicht nur hilfreich zu wissen, welche Lebensmittel, Rezepte und Grundlagen positiv auf die Ernährungsumstellung einwirken. Es hilft auch zu wissen, was man lieber nicht oder weniger essen sollte, welche Ernährungsgewohnheiten eher ungesund sind und worauf man ansonsten achten muss, um Fehler zu vermeiden.

Ähnlich kann man sich Negative Personas vorstellen. Das sind vom Aufbau und der Entwicklung her ganz klassische Personas. Aber sie stellen nicht die Ideal- bzw. Wunschkontakte dar, sondern die Personengruppen, die mit der höchsten Wahrscheinlichkeit *nicht* handeln, kaufen, sich engagieren. So schreibt Rebecca Sadwich in ihrem Artikel „Why and how to create Negative Buyer Personas" (Sadwick 2020), dass Negative Buyer Personas dabei unterstützen zu verstehen, welche Individuen mit hoher Wahrscheinlichkeit nicht zu Kunden konvertieren und welche Eigenschaften diese Individuen haben.

5.2.1   Warum sollte man Negative Personas erstellen?

Negative Personas können dabei helfen, Segmente, Zielgruppen, Kommunikationsstrategien und Kampagnen so zu gestalten, dass sie eben nicht die Negative Personas ansprechen. Das erhöht die Qualität von Leads, reduziert Ressourcen und Budgets und ermöglicht eine noch klarere Ansprache für die Zielpersonas.

Diese lassen sich übrigens sowohl im B2C- als auch B2B-Bereich einsetzen. Gerade im B2B-Business ist es beispielsweise hilfreich, die Eigenschaften und Merkmale von Negative Personas zu kennen, um frühzeitig zu erkennen, ob ein Kontakt kaufbereit ist oder nicht, bevor der Vertrieb aufwendig Produktdemos und Informationsgespräche initiiert.

Im B2C-Bereich sind Negative Personas wertvoll, um bei skalierbaren Kampagnen auch die richtigen Zielgruppen anzusprechen.

5.2.2 Was sollte man beim Erstellen von Negative Personas beachten?

Negative Personas sollten nie negativ formuliert werden. Das heißt, dass auch Zielgruppen, die nicht relevant für das eigene Unternehmen etc. sind, respektvoll behandelt werden sollten. Die Negative Persona sollte also weder eine Karikatur werden, noch alle erdenklichen schlechten Eigenschaften enthalten, die Kunden jemals an den Tag gelegt haben.

Zusätzlich sollten diese Personas nicht dogmatisch angewandt werden. Wie auch bei klassischen Personas handelt es sich hier um ein fiktives Profil, das die Ansprache schärfen und Segmente eingrenzen soll. Es geht jedoch nicht darum, einen potenziellen Kunden sofort auszuschließen, sobald er eine Eigenschaft mit der Negative Persona teilt.

Apropos dogmatisch: Natürlich sollten auch Negative Personas regelmäßig auf ihre Aktualität geprüft und notfalls angepasst werden. Es kann immer vorkommen, dass bestimmte Eigenschaften oder Verhaltensweisen plötzlich von Negative Personas zu kaufbereiten Kunden übergehen.

Was Sie aus diesem *essential* mitnehmen können

- Ein Verständnis für das Konzept und die Einsatzmöglichkeiten von Personas als stellvertretende Kundenprofile für eine zielgerechte Ansprache individueller Kundengruppen.
- Informationen über die Verwendung von Personas im Inbound Marketing, um Botschaften auf den richtigen Kanälen gezielt zu vermitteln.
- Eine Anleitung inklusive Best Practices zum Entwickeln Ihrer eigenen Personas.
- Impulse, um Ihre Personas effektiv in verschiedenen Bereichen einzusetzen.

© Der/die Herausgeber bzw. der/die Autor(en), exklusiv lizenziert durch Springer Fachmedien Wiesbaden GmbH, ein Teil von Springer Nature 2021
S. Kirchem und J. Waack, *Personas entwickeln für Marketing, Vertrieb und Kommunikation,* essentials, https://doi.org/10.1007/978-3-658-33088-0

Schluss

In diesem essential haben Sie erfahren, was Personas sind, warum Sie bei der Kundenkommunikation unterstützen, wie sie entwickelt werden und mit welchen Tools und Methoden Sie das Beste aus Ihren Personas herausholen können, um sie bei der Ansprache Ihrer Zielgruppen einzusetzen. Dabei haben Sie Einblicke in die Unterschiede verschiedener Persona-Typen erhalten und einige praktische Beispiele an die Hand bekommen.

© Der/die Herausgeber bzw. der/die Autor(en), exklusiv lizenziert durch Springer Fachmedien Wiesbaden GmbH, ein Teil von Springer Nature 2021
S. Kirchem und J. Waack, *Personas entwickeln für Marketing, Vertrieb und Kommunikation,* essentials, https://doi.org/10.1007/978-3-658-33088-0

Literatur

Ahluwalia, Yamini (2015) Study Confirms Importance of Qualitative Research to Success with Buyer Personas, via tonyzambito.com, https://tonyzambito.com/survey-confirms-importance-qualitative-research-success-buyer-personas/ (Zugegriffen am 20.11.2020)

Allison+Partners (2020), Von Mensch zu Mensch, Download-Link: https://allisonpr.de/insights/von-mensch-zu-mensch.html (Zugegriffen am 13.11.2020)

Alte, Ines; Waack, Juliane (2017) Persona-Infografik Link: https://blog.ec4u.com/buyer-personas-grundlagen-tipps-und-best-practices/ (Zugegriffen am 16.2.2020)

Banko, Allison (2014) Persona Marketing: NetProspex increases website visit duration 900%, lifts marketing-generated revenie 171%, Link: https://www.marketingsherpa.com/article/case-study/netprospex-increases-website-visit-duration (Zugegriffen am 13.11.2020)

cintell (2016) Understanding B2B Buyers - The 2016 Benchmark Study, Link zum PDF: https://unleashpossibledotblogdotcom.files.wordpress.com/2016/02/final-benchmark-study-understanding-buyers-2016-cintell-2.pdf (Zugegriffen am 27.11.2020)

Halligan, Brian (2009) Inbound Marketing: Get Found Using Google, Social Media, and Blogs, Wiley: New Jersey, US

Müller, Frank (2020) Next Level Kundenansprache mit datenbasierten Personas, https://www.youtube.com/watch?v=uwLQ-_sX9Xs (01:40:00) (Zugegriffen am 4.12.2020)

Olbrich, Rainer (2009) *Marketing: Eine Einführung in die marktorientierte Unternehmensführung*, 2. Auflage, Springer: Wiesbaden

Reh, Adrian; Reichenbach, Jonas (2019) KI, Machine Learning und Deep Learning: Was ist was? https://blog.ec4u.com/ki-machine-learning-und-deep-learning-erklart/ (Zugegriffen am 27.11.2020)

Sadwick, Rebecca (2020) Why and how to create Negative Buyer Personas, https://www.forbes.com/sites/rebeccasadwick/2020/05/23/negative-buyer-personas/#7be322205421, (Zugegriffen am 15.10.2020)

Printed in the United States
by Baker & Taylor Publisher Services